Stephan Beissel

Vaticanische Miniaturen

Stephan Beissel

Vaticanische Miniaturen

ISBN/EAN: 9783744656344

Hergestellt in Europa, USA, Kanada, Australien, Japan

Cover: Foto ©Lupo / pixelio.de

Weitere Bücher finden Sie auf **www.hansebooks.com**

VATICANISCHE
MINIATUREN.

HERAUSGEGEBEN UND ERLÄUTERT VON

STEPHAN BEISSEL S. J.

QUELLEN ZUR GESCHICHTE DER MINIATURMALEREI.

MIT XXX TAFELN IN LICHTDRUCK.

MINIATURES CHOISIES
DE LA BIBLIOTHÈQUE DU VATICAN.

PAR

ÉTIENNE BEISSEL S. J.

DOCUMENTS POUR UNE HISTOIRE DE LA MINIATURE.

AVEC XXX PLANCHES EN PHOTOTYPIE.

FREIBURG IM BREISGAU. 1893.
HERDER'SCHE VERLAGSHANDLUNG.
ZWEIGNIEDERLASSUNGEN IN WIEN, STRASSBURG, MÜNCHEN UND ST. LOUIS, Mo.
FRIBOURG EN BRISGAU (ALLEMAGNE). B. HERDER.

Inhaltsverzeichniss.

Table des divisions.

Einleitung.

Introduction.

DIE Geschichte der Malerei des Mittelalters, besonders diejenige der ältern Zeiten, ist noch sehr dunkel. Ein vorzügliches Mittel, sie klar zu stellen, liegt in den zahlreich erhaltenen Miniaturen. Sie haben nicht wie die alten Frescogemälde und Tafelbilder durch den Zahn der Zeit und die Hand der Menschen Veränderungen erlitten, welche oft schwer von den ursprünglichen Resten zu unterscheiden sind. Weniger dem Licht und dem Verderben ausgesetzt und oft in haltbarer Art hergestellt, blieben sie häufig so, wie sie aus der Werkstätte der Künstler hervorgingen.

Zweifelsohne wäre die vollkommenste Publication jene, worin solche Miniaturen in natürlicher Grösse und in Farben herausgegeben würden. Indessen verlangt die farbige Wiedergabe, wie z. B. das grossartige Werk des Grafen Bastard zeigt, unerschwingliche Preise. Ueberdies können selbst solche gross angelegten Bücher trotz des hohen Werthes und der Sorgfalt der Ausführung selten die Originale so wiedergeben, wie sie eigentlich sind. Da es nun darauf ankommt, möglichst vielen Freunden der Kunstgeschichte die Benutzung und Verwerthung der wichtigsten Miniaturen in thunlichster Weise zu ermöglichen, ist hier der Versuch gemacht, vorerst eine Auswahl aus den bedeutendsten Handschriften der Vaticanischen Bibliothek in treuen, nicht retouchirten Phototypien zu bieten. Geben doch Phototypien den Stilcharakter, ja selbst oft den Charakter der Malerei besser als Durchzeichnungen und Chromolithographien. Einige Bilder mussten etwas verkleinert werden, um sie mit den andern zu vereinen. Solche Verkleinerung schien geboten, um ein handliches Format des Buches zu erhalten und den Preis nicht zu sehr zu steigern. Die Verkleinerung ist eine verhältnissmässig so unbedeutende, dass der Zweck der Wiedergabe dadurch in keiner Weise beeinträchtigt wird.

L'HISTOIRE de la peinture au moyen âge, surtout aux premiers siècles de cette époque, est encore enveloppée de ténèbres. Les miniatures nous offrent un excellent moyen de l'éclairer. Elles n'ont pas comme les peintures murales subi des retouches, qui très souvent sont difficiles à distinguer des parties originales. Moins exposées à la lumière et à l'altération et souvent plus solidement exécutées, elles nous sont parvenues, en bien des cas, telles qu'elles sont sorties des mains de l'artiste.

Il serait désirable sans doute de les reproduire et de les éditer en grandeur naturelle et en couleurs. Mais pour une édition en couleurs, il faudrait des sommes énormes, témoin le grand ouvrage du comte de Bastard. De telles reproductions toutefois, malgré leur valeur réelle et les soins qu'elles supposent, ne sauraient elles-mêmes rendre les originaux tels qu'ils sont. Il s'agit de faciliter l'étude des miniatures au plus grand nombre possible des amateurs de l'histoire de l'art. Nous avons cru répondre à ce but en essayant de donner un choix, tiré des meilleurs manuscrits de la bibliothèque du Vatican. On se fait souvent une idée plus exacte du style et même de la peinture par une bonne phototypie que par des calques et des chromolithographies. Quelques-unes de nos reproductions sont réduites un peu, pour entrer dans un format commode et pour rendre le prix du livre plus abordable. La réduction est du reste presque toujours si faible qu'elle ne saurait nuire sérieusement au but poursuivi.

Un texte donnera aux tables les explications jugées nécessaires; entre autres il indiquera les

Der T e x t beabsichtigt für die Tafeln die nöthigen Erklärungen zu geben. Er wird bei jeder die Farben angeben, um dadurch das wenigstens einigermassen zu ersetzen, was der Phototypie mangelt. Die beim Anfange jeder Abtheilung gegebene Uebersicht betreffender illustrirter Handschriften der Vaticana kann und will Vollständigkeit oder erschöpfende Darstellung in keiner Weise beabsichtigen, weil der Raum Beschränkungen auferlegte und weil die Aufzählung und genaue Charakterisirung der einzelnen Handschriften Sache der Kataloge ist. Da letztere indessen noch unvollständig sind, ist hier ein vorläufiger Führer geboten, der viel Zeit ersparen und manche nützliche Winke bieten dürfte.

Für die Auswahl der B i l d e r waren zwei Gesichtspunkte massgebend, einmal die Aussicht, eine gute Phototypie zu erhalten, dann das Bestreben, eine vielseitige chronologische Folge zu erlangen.

Welcher Nutzen für eine tiefere und allseitigere Kenntniss der Kunstgeschichte sich ergeben würde, wenn nach dem Plane des vorliegenden Bandes nach und nach die wichtigeren Miniaturen aller grössern Bibliotheken behandelt würden, liegt auf der Hand. Man würde so eine Q u e l l e n s a m m l u n g erhalten, welche als Grundlage weiterer Forschung vielen dienen könnte.

Für freundliches Entgegenkommen habe ich den Präfecten der Vaticanischen Bibliothek Msgr. Carini und P. Bollig S. J., für gütige Hilfeleistung dem Herrn Aug. Mazzoni meinen besten Dank hier zu erneuern.

couleurs, pour suppléer à ce qui manque aux phototypies. Le sommaire de manuscrits illustrés de la Vaticana, donné au commencement de chaque partie, ne peut et ne veut avoir la prétention d'être complet ou d'épuiser le sujet. Les proportions de cet ouvrage ne le permettaient pas et c'est d'ailleurs aux catalogues de bibliothèque de faire cette énumeration et la description bibliographique. Mais puisque ces catalogues sont encore insuffisants, nous offrons ici un guide provisoire, qui fera gagner du temps et qui donnera quelques renseignements utiles.

Deux idées ont dirigé notre choix, tout d'abord l'espoir d'obtenir une bonne reproduction phototypique, en second lieu l'intention de donner une suite chronologique.

Nous croyons qu'il serait très utile, pour l'étude approfondie et solide de l'histoire de la miniature, de publier peu à peu, suivant le plan de ce livre, les principales miniatures de toutes les grandes bibliothèques. La collection ainsi obtenue formerait pour beaucoup de savants une source précieuse pour l'histoire de l'art.

Pour cette traduction j'ai à demander l'indulgence des lecteurs français; il est si difficile d'écrire dans une langue étrangère.

I. Theil.

Miniaturen altklassischen Stils.

Tafel I—IV.

AUS klassischer Zeit besitzt die Vaticanische Bibliothek einen mit Bildern versehenen Virgil (Tafel III, A). Drei ihrer Handschriften gehen auf klassische Vorbilder zurück, indem sie dieselben mehr oder weniger treu copiren: ein zweiter Virgil (Tafel I und II, B), ein Terenz (Tafel III, B) und ein Buch über die Feldmesskunst (Tafel II, A).

Als Vertreterin der altchristlichen Kunst gilt die berühmte Josuarolle (Tafel IV). Wenn sie nicht aus dem 4. Jahrhundert herrührt, bleibt auch sie jedenfalls ein auf antiker Grundlage ruhendes Werk.

I⁰ Partie.

Miniatures de style classique.

Planches I—IV.

LA Vaticana possède un manuscrit du temps classique, un Virgile enluminé (pl. III, A). Trois autres manuscrits, un second Virgile (pl. I et II, B), un Térence (pl. III, B) et un livre de géométrie (pl. II, A) reproduisent d'une manière plus ou moins heureuse des originaux classiques.

L'art chrétien des premiers siècles est représenté par le rouleau célèbre de Josué (pl. IV). Quoiqu'il ne provienne pas du IV⁰ siècle, c'est pourtant une oeuvre de la première importance, pleine de souvenirs classiques.

I.

Virgilii opera. Cod. Vatic. lat. 3867 fol. 100 v.

Handschrift in Quart, in Unzialschrift, mit 309 Blättern von 333 mm Höhe bei 32 cm Breite. Seroux d'Agincourt setzte sie ins 12. oder 13. Jahrhundert, Labarte dagegen jedenfalls richtiger ins 6., Benoit vor das Ende des 5., Kondakoff eher ins 6. oder 7. als ins 5., die Benediktiner des neuen Lehrgebäudes der Diplomatik nicht „vor das 4. Jahrhundert" [1]. Jedenfalls ist der Text mit seinen Bildern die Copie eines aus klassischer Zeit stammenden Originales. Wenngleich ihre Miniaturen durch die Hand des Copisten vieles von ihrer alten Güte und Kraft verloren haben, bleiben sie doch noch ein mittelbares Zeugniss antiker Buchmalerei.

Manuscrit in quarto en onciales, de 309 feuilles, haut de 333 mm, large de 32 cm. Seroux d'Agincourt l'assigne au XII⁰ ou XIII⁰ siècle, Labarte avec plus de raison le croit du VI⁰, Benoit le place avant la fin du V⁰, Kondakoff plutôt au VI⁰ ou VII⁰ qu'au V⁰, les Bénédictins dans le Nouveau traité de diplomatique pas „avant le IV⁰ siècle" [1]. Le texte et ses images sont certainement copiés sur un original de l'antiquité classique. Les miniatures ont perdu sous la main du copiste une grande partie de leur beauté et de leur valeur primitive; elles nous apprennent pourtant indirectement, comment les anciens enluminaient leurs manuscrits.

---

[1] *Seroux d'Agincourt*, Histoire de l'art par les monuments (Paris 1823) II, 74 s. et III, 69 s., Erläuternder Text von *F. v. Quast* III, 61. *Labarte*, Histoire des arts industriels au moyen âge et à l'époque de la renaissance III (Paris, Morel, 1865), 11 s. *Lecoy de la Marche*, Les manuscrits et la miniature (Paris, Quantin) p. 60. Virgilii opera ed. *Benoit*

Beissel, Vaticanische Miniaturen.

(Paris 1867—1880), Introduction. *Kondakoff*, Histoire de l'art byzantin (Paris, Rouam, 1886) p. 74 s. *Mabillon*, De re dipl. l. V, tab. vi (ed. secunda) p. 334. *Montfaucon*, Diarium Italicum (Paris 1702) p. 277. Bibliothec. Mss. p. 3. Nouveau traité de Diplom. III, tab. xxxv, p. 61 s. *Heyne*, Virgilii opera I (Augustae Taurinorum 1827), cvi.

1

Bereits Montfaucon hat auf dem vierten Blatte die von einer Hand des 13. Jahrhunderts eingetragene Randbemerkung gefunden: 1ste liber est b. Dionysii. Da auf Blatt 76 ein nicht viel jüngerer französischer Satz steht, gehörte das Buch im Mittelalter zweifelsohne der Abtei St. Denis bei Paris[1].

Die zwanzig Miniaturen hat Seroux d'Agincourt zwar nach Bartolis Durchzeichnungen neu herausgegeben, aber im Geist des 18. Jahrhunderts verändert.[2]

Folgende Scenen verdienen besondere Beachtung:

Fol. 1. Illustration zum ersten Buche der Bucolica. Tityrus, die Flöte blasend, und Meliboeus stehen in kurzen Kleidern zwischen ihren Herden unter zwei Bäumen. Nur diese Miniatur ist ohne Rahmen auf den weissen Pergamentgrund gesetzt, und nur auf ihr gibt neben den beiden Personen eine Inschrift deren Namen an. Auch durch Zeichnung und Farbe ist sie von den folgenden verschieden. Auf fünf weiteren Miniaturen verschiedener Grösse erscheinen Hirten, die bei ihren Herden wachen. Die meisten stehen neben einer jener kegelförmigen Hütten, die man auch auf der Elfenbeinpyxis von Werden sieht[3]. Alle diese Hirtenscenen sind den auf altchristlichen Denkmälern vorkommenden sehr ähnlich[4].

Die Tafel I abgebildete Illustration zum zweiten Buche der Aeneis ist 228 mm hoch und breit. Drei mit einem Nimbus versehene Personen ruhen vor einem runden Tisch mit vier Füssen, worauf ein röthlicher Fisch und drei im Innern schwarze Brote liegen[5]. Dido erhebt die Rechte zum Redegestus, das Gleiche thut der zu ihrer Rechten befindliche Trojaner. Zur Linken, der Ehrenseite, setzt Aeneas einen den Becher an den Mund, um nach einem Trunk der Aufforderung entsprechend seine Geschichte zu erzählen. Im Vordergrunde bieten zwei Diener Wein und Wasser an.

Die Umrisslinien der Gesichter, Kleider und aller andern Gegenstände sind schwarz. Weiss mit Hellgelb schattirt sind das Kleid des Trojaners zur Rechten, die Gefässe der Diener, die Füsse und der Rand des Tisches: golden die Armspangen und der Helm jenes Trojaners, sowie der Schmuck der Dido. Helle Purpurfarbe haben die Mäntel beider Trojaner, das Kleid des den Becher reichenden Dieners und die Streifen des Polsters um die Tischplatte; dunklere Purpurfarbe hat das Polster. Mennigroth sind der Mantel der Dido, der Helm des Aeneas, die Beinkleider der Diener

Déjà Montfaucon a trouvé sur la quatrième feuille la note suivante, écrite par une main du XIIIᵉ siècle: „1ste liber est b. Dionysii." La feuille 76 porte une note française, qui n'est pas beaucoup plus récente. Le livre appartenait donc pendant le moyen âge à l'abbaye de St.-Denys près Paris.[1]

Seroux d'Agincourt a publié les vingt miniatures d'après les calques de Bartoli, mais il les a modifiées selon la manière du XVIIIᵉ siècle.[2]

Quelques scènes méritent une attention particulière:

Fol. 1. Illustration au premier livre des Bucoliques. Tityre jouant de la flûte et Mélibée en tuniques courtes se trouvent sous deux arbres au milieu de leurs troupeaux. C'est la seule miniature sans encadrement sur fond blanc de vélin, la seule aussi dans laquelle les inscriptions donnent les noms des personnages. Elle diffère des autres aussi par son dessin et ses couleurs. Outre cette miniature il y en a encore cinq de différentes grandeurs, représentant des pasteurs avec leurs troupeaux. La plupart de ces bergers se trouvent près d'une chaumière conique semblable à celle qu'on trouve sur la pyxis de Werden[3]. Les scènes pastorales ressemblent beaucoup à celles, qu'on rencontre sur les monuments des premiers siècles du christianisme[4].

L'illustration pour le second livre de l'Énéide reproduite à la Iᵉ planche est haute et large de 228 mm. Trois personnes nimbées sont couchées devant une table ronde à quatre pieds, qui porte un poisson de couleur rougeâtre et trois pains noirs[5]. Didon élève la main droite avec le geste de quelqu'un qui parle. Le Troyen assis à sa droite fait le même geste. A gauche, à la place d'honneur, Énée porte sa coupe à la bouche, pour boire avant de commencer le récit qu'on lui demande. Deux serviteurs au premier plan portent du vin et de l'eau.

Les contours des visages, des habits et de tous les autres objets sont noirs. L'habit du Troyen de droite, les vases des serviteurs, les pieds et les bords de la table sont blancs avec des ombres d'un jaune-clair. Les bracelets, le casque du Troyen et les ornements de Didon sont dorés. Les manteaux des deux Troyens, l'habit du serviteur qui présente la coupe, et les bandes du coussin autour de la table sont d'un pourpre clair, tandis que le coussin lui-même est d'un pourpre foncé. Le manteau de Didon, le casque d'Énée, les chausses des serviteurs et l'encadrement intérieur de la table sont rouges; les habits

---

[1] Montfaucon, Diarium italicum. Seroux d'Agincourt, tav. LXIV n. 2—7.

[2] P. Virgilii Maronis opera, quae supersunt, ex antiquo codice Vaticano ad priscam imaginum formam incisa a Petro Sancte Bartoli. Romae 1725. Antiquissimi Virgiliani codicis fragmenta et picturae ex bibliotheca Vaticana ad priscas imaginum formas a Petro Sancte Bartoli incisae. Romae 1741 fol. P. Virgilii Bucolica, Georgica et Aeneis ... italico versu redditae ... et antiquissimi codicis Vaticani picturis ...

Illustratae. Romae 1703. Picturae antiquissimae Virgil. cod. Vat. a P. S. Bartoli aere incisae ... Romae 1782. Aimé Champollion (Le moyen âge et la renaissance II, fol. 1) gibt nach Labarte je ein Bild in Umriss und in Farben.

[3] Garrucci, Storia dell'arte cristiana, tav. cccxxxviii n. 1.

[4] Garrucci l. c. tav. ccxvi. cxxxxii. cclxxxi. ccclxxxxiv. cccli etc. Cfr. Seroux d'Agincourt tav. LXIII, n. 2 a, c, e, g, h, i.

[5] Cfr. Garrucci l. c. tav. xix. lvi etc.

und die innere Umrahmung der Tischplatte; grün die Kleider des zweiten Dieners und der Dido, das Innere der Tischplatte sowie der oberste Theil des Hintergrundes. Die Nimben sind grünlichbraungelb wie der Boden. Der hellgrüne Vorhang hat purpurne Streifen.

Fol. 3 verso. Tafel II, B. In weissem, bläulich schattirtem Kleide, das auf der Brust mit zwei Purpurstreifen besetzt ist, sitzt Virgil auf einem grünen Kissen und auf einem braunen Sessel, dessen Füsse und Knöpfe roth sind. Er hält eine purpurne Rolle in der Hand. Neben ihm stehen rechts und links ein Pult und eine runde Kiste, bestimmt zur Aufnahme seiner Handschriftenrollen; beide sind mennigfarbig, braun schattirt und haben schwarze Streifen. Der Hintergrund ist hellpurpurn. Im Rande sind Roth, Gold und Purpur durch schwarze Striche getrennt. Die Höhe der Miniatur beträgt 14, die Breite 25 cm.

Da Virgil sowohl hier als in zwei (fol. 9 und 14) folgenden Bildern eine purpurne Rolle hält und neben einer zur Aufnahme von Rollen bestimmten Kiste sitzt, dürfte das Original, aus dem diese Bilder copirt sind, zu einer Zeit entstanden sein, als noch die Ausgaben der Klassiker auf ähnliche mit Purpur gefärbte Rollen geschrieben wurden. Wichtig ist diese Miniatur als ein Ausgangspunkt der zahlreichen Evangelistenbilder des Mittelalters. Zweifelsohne haben die Christen schon in den ersten Jahrhunderten begonnen, vor den Text ihrer wichtigsten heiligen Bücher die Bilder der Verfasser zu stellen, wie dies bei den Werken der Klassiker Sitte war.

Der Fleischton ist hier wie in allen Miniaturen dieser Handschrift gelblich; auf den Backen stehen rothe Flecken, die Farben sind nicht zur Modellirung, sondern nur zum Coloriren benutzt. Die Zeichnung ist schwach, am auffallendsten in der eigenthümlich steilen Profilirung der en face gezeichneten Köpfe. Sie ist auf Tafel I bei den Dienern und bei Aeneas zu sehen, kehrt in andern Miniaturen wieder und erinnert sehr an ein Bild im Cubiculum S. Caeciliae in der Katakombe des hl. Callistus[1].

du second serviteur et de Didon, l'intérieur de la table et la partie supérieure du fond sont verts. Les nimbes et le plancher sont d'une couleur mêlée de vert, de brun et de jaune. Le rideau d'un vert clair a des bandes de pourpre.

Fol. 3 verso. Planche II, B. Virgile est assis sur un coussin vert et sur un siège brun, dont les pieds et les boutons sont rouges. Il porte un vêtement blanc, ombré de bleu, bordé d'une bande de pourpre. Il tient dans sa main un rouleau de pourpre. A sa droite et à sa gauche se trouvent un pupitre et une boîte ronde, destinée aux rouleaux de son manuscrit. Le pupitre et la boîte sont rouges avec des ombres brunes et des bandes noires. Le fond est d'un pourpre clair, l'encadrement en or, en rouge et en pourpre avec des traits noirs, qui séparent ces couleurs. Hauteur 14, largeur 25 cm.

Dans cette miniature, comme dans les deux suivantes, Virgile tient un rouleau de pourpre, et est assis près d'une boîte, destinée à recevoir ces rouleaux. Il est donc probable que l'original sur lequel ces miniatures ont été copiées, remonte à une époque où l'on écrivait les éditions des classiques sur des rouleaux de pourpre. La miniature est intéressante, parce qu'elle montre l'origine des images d'évangélistes au moyen âge. Sans doute les chrétiens des premiers siècles ont mis en tête du texte des saints livres une image de l'auteur, comme c'était l'usage dans les ouvrages des auteurs classiques.

Dans toutes les miniatures de ce manuscrit la couleur des chairs est jaunâtre. Les joues ont des taches rouges. Les couleurs ne sont pas employées pour faire ressortir les figures, mais seulement pour les enluminer. Le dessin est médiocre. Le profil raide des têtes des serviteurs et d'Énée (pl. I) est remarquable. Il se trouve encore dans d'autres images du manuscrit et rappelle une fresque du „Cubiculum sanctae Caeciliae" dans la catacombe du Pape Calixte[1].

II.

A. De Agrimensoria. Cod. Palat. lat. 1564 fol. 4.
B. Virgilii opera. Cod. Vatic. lat. 3867 fol. 3 v.

II, A. Die Handschrift enthält verschiedene Werke alter Schriftsteller über die Feldmesskunst und ist im 8. oder 9. Jahrhundert zu Fulda nach einer vielleicht aus dem 4. Jahrhundert stammenden Vorlage copirt worden[2]. Adrian Turnébe hat sie mit ihren Bildern 1554 zu Paris edirt. Seite 1—4 ent-

II, A. Ce manuscrit du IXe siècle, contenant divers traités d'arpentage et de géométrie (agrimensoria), a été probablement copié à Fulda sur un original du IVe siècle[2]. Adrien Turnébe l'a publié avec les figures à Paris en 1554. Les plus importantes se

[1] De Rossi, Roma sotterranea II, tav. xix—xxi. Garrucci l. c. tav. xvi.

[2] Archiv der Gesellschaft für ältere deutsche Geschichts-

kunde XII, 350. Die Trierer Ada-Handschrift (Leipzig 1889) S. 106 Anm. 2. 6. Wattenbach, Das Schriftwesen des Mittelalters (2. Aufl.) S. 290. Chronica minora ed Mommsen, Mon. Germ. Auct. ant. I, 49 Imagines imperatorum.

1*

halten ihre wichtigsten Bilder, die folgenden zeigen nur mathematische Figuren, sowie rasch und flüchtig hingeworfene Städte, Berge u. s. w.

Fol. 1. Oben in Federzeichnung mit einigen farbigen Strichen das Bild des Kaisers[1], unten ein anderes nicht vollendetes Bildniss.

Fol. 3. Die neun Agrimensores sitzen im Kreise, wie oft die Apostel beim Pfingstfest dargestellt werden[2]. Der Vorsitzende befindet sich oben in der Mitte, je vier haben zur Rechten und Linken Platz genommen. Die schon in den altchristlichen Kunstwerken häufigen Bilder der um Christus sitzenden Apostel[3] sind jedenfalls Weiterentwickelung ähnlicher antiken Vorlagen. In den Bildern des Gerichtes, worin die Apostel als Mitrichter neben dem Herrn thronen, hat sich das Motiv bis heute erhalten.

Fol. 4, Tafel 11, A. Höhe der Miniatur ohne Inschrift 132, Breite 110 mm. Dem auf einem Sessel sitzenden Kaiser, der seine Füsse auf einen Schemel setzt, erstattet ein vor ihm auf einem Schemel sitzender Richter Bericht. Die Kleider haben eine leichte blaue, mit Weiss gemischte Farbe. Der Stuhl ist gelbbraun, dessen Kissen roth, der Mantel des Richters weissgelb, jener des Kaisers violettweiss. Der Richter hat weisses Haar, der Kaiser braunes. Das letzterer einen Blumenkranz, aber keine Krone hat, ist ein Umstand, der für hohes Alter des Bildes zeugt.

II, B. Vgl. oben S. 3.

trouvent de la page 1 à 4; les pages suivantes n'offrent que des esquisses légères de plans, de villes, montagnes etc.

Fol. 1. En haut le portrait de l'empereur dessiné à la plume avec quelques traits en couleurs[1], en bas un autre portrait inachevé.

Fol. 3. Les neuf arpenteurs (agrimensores) assis en cercle, comme l'on représente les apôtres dans le cénacle à la Pentecôte[2]. Le président, placé en haut et au milieu, a quatre personnages à sa droite et quatre autres à sa gauche. Les représentations des apôtres, assis autour du Christ[3], si fréquentes dans les anciens monuments chrétiens, sont certainement des imitations, inspirées par des sujets antiques semblables. Le motif s'est conservé jusqu' aujourd'hui dans les peintures du jugement dernier où les apôtres environnent le Seigneur pour juger avec lui.

Fol. 4, Planche 11, A. Sans l'inscription 132 mm × 11 cm. Un juge, assis sur un banc, fait son rapport à l'empereur, qui a pris place sur un siége, les pieds sur un escabeau. Les habits sont légèrement teintés de bleu, mêlé de blanc. Le siége est d'un jaune brun, le coussin rouge, le manteau du juge jaune-clair, celui de l'empereur violet-clair. Le juge a les cheveux blancs, l'empereur les a bruns. La couronne de fleurs portée par l'empereur, au lieu d'un cercle d'or, prouve que l'original sur lequel cette peinture est prise, remonte au siècle classique.

II, B. Voyez p. 3.

III.

A. Virgilii opera. Cod. Vatic. lat. 3225 fol. 22.

B. Terentii opera. Cod. Vatic. lat. 3868 fol. 10 v.

III, A. Der älteste Virgil der Vaticana ist 219 mm hoch, 195 mm breit und wird von Seroux d'Agincourt ins 4. oder 5. Jahrhundert gesetzt, von Labarte und andern ins 4. Auch seine Miniaturen, die meist nur ein Drittel oder ein Viertel einer Seite füllen, sind von Bartoli und nach dessen Stichen von Seroux d'Agincourt herausgegeben, aber im Geschmack ihrer Zeit verändert worden[4].

Die Tafel III, A theilweise abgebildete 11 cm hohe, 16 cm breite Miniatur illustrirt Vers 671 f. aus dem 2. Buche der Aeneis. Creusa will ihren gewaffneten Aeneas abhalten, in den Kampf zu ziehen; dem Haupte des Ascanius entsteigen Flammen, welche zwei Diener mit Wasser zu ersticken suchen, während Anchises zu Jupiter betet.

III, A. Le Virgile le plus ancien de la Vaticana (219 × 195 mm) est selon Seroux d'Agincourt du IVᵉ ou Vᵉ siècle, selon Labarte et d'autres, du IVᵉ. Ses miniatures qui ne remplissent ordinairement qu'un tiers ou un quart de page, ont été aussi publiées par Bartoli et d'après ses gravures par Seroux d'Agincourt. Tous les deux les ont modifiées selon le goût de leur temps[4].

La miniature de la planche III, A (11 × 16 cm) sert d'illustration au v. 671 s. du livre II. de l'Énéide. Créuse veut empêcher Énée d'aller au combat; des flammes s'élèvent au dessus de la tête d'Ascagne, et deux serviteurs essaient de les éteindre avec de l'eau, tandis qu'Anchise adresse une prière à Jupiter. L'image à un

---

[1] Imperatoris tamquam agrimensoriae supremi iudicis ac principis effigies.

[2] Kraus, Die Miniaturen des Codex Egberti, Tafel LX. Biblia di S. Paolo, Seroux d'Agincourt tav. XLII n. 7.

[3] Garrucci l. c. tav. XVIII. XXI. LXIV. LXXI. LXXXII. CCCXXIX. CCCXLIII etc.

[4] Seroux d'Agincourt, Peinture II, 51, tav. XX—XXV et LXV. Labarte l. c. III, 10. Lecoy de la Marche l. c. p. 60. 161. Virgilii opera ed. Benoit (Paris 1867—1880), Introduction. Virgilii opera ed. Heyne I, cIII. Picturae antiquissimae Virgil. codicis Vat. a P. Sancte Bartoli inclase (Rom. 1782). Kondakoff l. c. p. 71 s. Mélanges de l'école française de Rome etc.

Das Bild ist in einen aus rothen und schwarzen Streifen bestehenden Rahmen gestellt. Im Gegensatz zum andern Virgil sind den Miniaturen dieser Handschrift bei jeder Person und bei jedem Gebäude die Namen beigefügt. Die Zeichnung entspricht derjenigen der antiken Wandgemälde und zeigt eine feste, erfahrene Hand. Während der Maler des andern Virgils ein altes Buch kopirt und unbewusst dessen Bilder ändert und somit zwei Elemente mischt, das antike Können und das frische Streben eines Mönches, der sich in jugendlicher Begeisterung an grossen Vorlagen bildet, geht hier alles einheitlich in flotter Art auf der alten Bahn weiter. Der andere Zeichner gibt meist seine Köpfe im Profil. Er thut es z. B. Fol. 188 bei allen elf Personen des Bildes. Die Stellung en face gelingt ihm übel (z. B. Fol. 234 v und 235), 3/4 Stellung versucht er kaum. Dieser geht frei und mit Erfolg voran [1].

In beiden Handschriften gleicht das Costüm der Trojaner demjenigen, welches Daniel, die Jünglinge im Feuerofen und die drei Könige in den Katakombendenkmälern haben [2]. Die phrygische Mütze, kurze Kleider und kurze Mäntel zeigen sich immer wieder. Doch werden die Gewänder bei Vornehmen oft länger. Dagegen herrscht grosser Unterschied in der Tracht der Soldaten. Im ältern Codex (Nr. 3225) tragen die Streitenden selten Mäntel und verwenden keine Pfeile, während Mäntel und Pfeile in der jüngern Handschrift häufig sind. Die Götter sind nur in letzterer durch einen Nimbus ausgezeichnet. Sie gibt mit hellen Farben gefüllte Conturen, geringe Schattirung, wenige Figuren in ungeschickter Gruppirung und keine Landschaften als Hintergrund; der ältere Codex hingegen bietet kleine Gemälde in guter Zeichnung und Modellirung. Leider sind die meisten seiner Miniaturen mehr oder weniger zerstört; doch bietet das Abblättern der Farben wenigstens den Vortheil, die Technik erkennen zu lassen. So ist auf Blatt 16 der ganze Raum innerhalb des Rahmens blau untermalt und auf diesem Untergrund weitergearbeitet. Die Farbe der Luft ist häufig durch verschiedenartig getönte Streifen angedeutet (z. B. Fol. 8, Fol. 13 beim Bild der Erbauung einer Stadt, Fol. 18 v über der Gruppe des Laokoon). In mittelalterlichen Handschriften des 10. und 11. Jahrhunderts in Deutschland ward dies nachgeahmt [3]. Die beigeschriebenen Namen sind braun und waren vergoldet. Zuweilen sind einzelne Kleider mit feinen goldenen Strichen gehöht. Bei der Darstellung des Schattenreiches (Fol. 47) sind in violettem Grundton die Figuren nur dunkler gehalten und mit Weiss gehöht. Hier findet sich also schon die in der feinern Miniaturmalerei des ausgehenden Mittelalters so beliebte Grisaillemalerei vorgebildet.

In der Tafel III, A gegebenen Miniatur sind der Mantel des Anchises, der Panzer und der Helm des Aeneas sowie

encadrement en traits rouges et noirs. Les noms de chaque personnage, même ceux des édifices se trouvent indiqués dans toutes les miniatures de ce manuscrit, tandis qu'ils manquent dans l'autre Virgile. Le dessin, tracé par une main forte habile, ressemble à celui des peintures antiques. Le peintre de l'autre Virgile copie un livre ancien et change les images sans le vouloir. Ce sont les efforts hardis d'un moine, qui, plein d'un enthousiasme juvenile, se forme sur les grands modèles de l'antiquité. L'artiste donne presque toujours les têtes de profil (p. e. au fol. 188 chez tous les onze personnages de la miniature). Pour le dessin de face sa main n'est guère heureuse (p. e. fol. 234 v et 235), il ne tente pas de placer ses têtes de deux tiers. Dans le Virgile plus ancien, l'artiste suit d'une manière claire et aisée l'ancienne voie. Il dessine les figures et les têtes selon sa fantaisie, et ses dessins sont bons [1].

Le costume des Troyens ressemble dans les deux manuscrits à celui que portent dans les monuments des catacombes Daniel, ses trois compagnons et les rois mages [2]. Nous rencontrons toujours le bonnet phrygien, des habits et des manteaux courts, bien que les vêtements des personnages nobles soient parfois longs. Pour le costume des soldats, il y a une grande différence entre nos deux livres. Dans le plus ancien (n. 3225) les combattants portent rarement des manteaux et ne se servent pas de flèches, tandis que les manteaux et les flèches sont fréquentes dans le manuscrit plus récent. Seulement dans le dernier, les dieux sont nimbés. Ce livre donne des contours, remplis de couleurs claires avec peu d'ombres, peu de figures dans des groupes mal disposés et des fonds sans paysages, tandis que le manuscrit plus ancien présente de petits tableaux bien dessinés et modelés. Malheureusement la plupart de ses miniatures sont plus ou moins écaillées. Mais cet écaillement des couleurs offre du moins l'avantage de dévoiler le procédé technique. On voit (p. e. fol. 16) que tout le fond a une première couche bleue, sur laquelle le peintre a placé ses autres couleurs. La couleur du ciel est souvent imitée par des raies de plusieurs teintes (p. e. fol. 8, fol. 13 dans la peinture d'une ville en construction, fol. 18 v au dessus du groupe de Laocoon). Cela se rencontre aussi dans beaucoup de miniatures allemandes du Xe et XIe siècle [3]. Les inscriptions des noms sont brunes; elles devaient être dorées. Quelquefois les habits sont rehaussés légèrement d'or. Dans la représentation du royaume des ombres, les figures sont peintes sur un fond violet d'une teinte un peu foncée, rehaussée de blanc. Les images en grisailles si merveilleusement exécutées dans les livres d'heures de la fin du moyen âge reproduisent donc ce que les anciens avaient essayé mille ans auparavant.

---

[1] *Wattenbach* a. a. O. S. 206: „Diesem (Vat. 3225) vermuthlich nachgeahmt, aber mit sehr rohen Bildern, barbarisch und leblos ist Vat. 3867." (!)

[2] *Garrucci* l. c. tav. XXV, LXXI, LXXIII, LXXVII, LXXXI, LXXXII.

LXXXVII, CCCXI, CCCXVII, CCCXVIII, CCCLXV, CCCLXVI, CCCLXXXIV, CCCLXXXV, CCCXCVIII etc.

[3] *Beissel*, Des hl. Bernward Evangelienbuch im Dome zu Hildesheim (Hildesheim, Lax, 1881), S. 26. 32. Die Trierer Ada-Handschrift S. 71.

die Krüge der Knechte hellbraun und mit Gold gehöht.
Goldhöhung haben auch die grüngelben Kleider der
Diener und der Schild des Aeneas. Roth sind die
Mützen der Diener, die Flammen auf dem Haupte des
Ascanius, der Helmbusch und der Mantel des Aeneas.
Blau bis weiss sind die Beinkleider des zweiten
Knechtes, das Kleid der Creusa sowie die rothgestreiften
Gamaschen des Aeneas und des Anchises. Die Mauer
des Hintergrundes ist hellbraun. Sie trägt vier (in der
Photographie wegen deren Undeutlichkeit weggelassene)
Säulen von gleicher Farbe, welche die Decke stützen.
Zwischen ihnen scheint der Himmel durch. Er ist unten
roth, oben hellweiss und hat viele zu je fünf bis sechs
in Kreisen zusammengestellte goldene Punkte. Der
Rahmen ist an der innern Seite braun, an der äussern
roth und mit grossen goldenen Tüpfeln besetzt. In den
Gesichtern des Aeneas und der Creusa, am Knie des Aeneas
und an andern Stellen ist die Deckfarbe abgesprungen.

Diese Miniatur erinnert sehr an die Fragmente
des Homer in der Ambrosiana zu Mailand (F. 205 inf.),
die leider weit mehr zerstört sind. Sie sind aus dem
5. Jahrhundert, aber trotz des griechischen Textes der
Rückseite keine byzantinische, sondern italienische Arbeit.
Die in die Bilder hineingeschriebenen Namen der Figuren
fügte jemand mit schwarzer Tinte im 13. Jahrhundert
bei. Schwarze Conturen sind späterhin eingezeichnet an
Stellen, wo die alte Deckfarbe absprang. Vielleicht
stammen sie von derselben Hand, welche jene Inschriften
hinzuschrieb. Mehrere rothe Inschriften sind jedoch älter.
Die von Mai herausgegebenen Kupferstiche geben den
Charakter der Originale nicht wieder. Gute Bilder bietet
dagegen die Paleographical Society [1].

III, B. Geschrieben ward dieser Terenz laut
einer eigenhändigen Notiz [2] vom deutschen Mönch
Rodger im 9. oder 10. Jahrhundert. Er hat wohl
auch die Miniaturen gemalt, wobei er aber eine
Vorlage des 4. oder 5. Jahrhunderts benutzte. Die
von Seroux d'Agincourt nach Durchzeichnungen
veröffentlichten Bilder geben trotz aller Mängel die
Originale besser wieder als die 1736 zu Urbino
und 1767 zu Rom publicirten [3].

Auf dem Titelbild halten zwei Schauspieler das Brust-
bild des Dichters empor. Vor einzelnen Komödien sieht
man auf verschiedenen Gefächern die zum Spiel nöthigen
Masken liegen. Im Text sind einzelne Scenen mit den
Bildern von 2—6 Personen illustrirt. Die Miniatur
Tafel III, B gehört zur 1. Scene des 3. Actes der Andria.

Dans la miniature de la planche III, A, le manteau
d'Anchise, la cuirasse d'Énée, son casque et les vases
des serviteurs sont brun-clair, rehaussés d'or. Les habits
vert-jaune des serviteurs et le bouclier d'Énée sont de
même rehaussés d'or. Les bonnets des serviteurs, les
flammes qui entourent la tête d'Ascagne, le panache et
le manteau d'Énée sont rouges. Les chausses du second
serviteur, l'habit de Créuse, les guêtres d'Énée et d'Anchise sont d'un bleu plus ou moins clair. Le mur du fond
brun-clair, porte quatre colonnes que la planche ne
reproduit pas, parcequ'elles ne pouvaient pas être ren-
dues d'une manière assez distincte. Entre ces colonnes
qui soutiennent le plancher, on voit le ciel, rouge en
bas, blanc en haut, orné de points dorés représentant
des étoiles. L'encadrement est brun à l'intérieur, rouge
et orné de petites taches dorées à l'extérieur. La
couleur s'est écaillée dans le visage d'Énée et de Créuse,
au genou d'Énée et à d'autres endroits.

Cette miniature rappelle les fragments d'Homère, con-
servés à la bibliothèque Ambrosienne de Milan (F. 205 inf.)
et qui se trouvent malheureusement dans un état encore
plus mauvais. Ils sont du V⁰ siècle, mais malgré le texte
grec du verso, c'est le travail d'un peintre italien et non
pas d'un byzantin. Les noms des figures, inscrits dans
les images, ont été ajoutés avec de l'encre noire au
XIII⁰ siècle. Beaucoup d'endroits ont perdu l'ancienne
couleur. Des contours noirs y ont été ajoutés peut-être
par la main, à laquelle on doit les inscriptions. Quelques
inscriptions rouges sont plus anciennes. Les gravures,
publiées par Mai ne rendent pas le caractère des originaux, tandis que la „Paleographical Society" donne
quelques reproductions fidèles [1].

III, B. Térence, d'après une note autographe,
copié par le moine allemand Rodger [2] au IX⁰ ou
X⁰ siècle. Probablement c'est lui aussi qui a peint
les miniatures, mais en se servant d'un modèle du
IV⁰ ou V⁰ siècle. Malgré leurs défauts, les calques
publiés par Seroux d'Agincourt, rendent mieux les
originaux que la publication d'Urbino en 1736 et
de Rome en 1767 [3].

Sur le frontispice deux acteurs soutiennent le portrait en buste de l'auteur. Au commencement des comé-
dies, on voit les masques des acteurs de la pièce, rangés
sur plusieurs compartiments. Beaucoup de scènes sont
illustrées par des groupes de deux à six personnages.
La miniature III, B, appartenant à la scène I. du 3. acte

---

[1] Paleographical Society pl. XXXIX. XL. L. LI und
part VIII p. III. Iliadis fragmenta antiquissima cum picturis
edente Angelo Mai. Folio, Mediolani 1819. Springer, Die
Genesisbilder, Abhandlungen der philologisch-historischen
Klasse der Kgl. Sächsischen Gesellschaft der Wissenschaften
IX, 731. Kondakoff l. c. p. 11.

[2] Hrodgarius scripsi.

[3] Terentii opera ex recensione Heinsii collata ad antiquiss.
codd. mss. Vatic. ed. Car. Coquelin. 2 tom. fol. Rom. 1767.
Seroux d'Agincourt tav. XXXV et XXXVI. Labarte l. c. III, 12.
Lecoy de la Marche l. c. p. 182. Die Trierer Ada-Handschrift
S. 70 Anm. 4. Silvestre, Paléographie (Paris 1841), II⁰ Partie,
IX⁰ siècle. Kondakoff l. c. p. 75. Umpfenbach, Terentii comoediae,
p. XXV. Wattenbach a. a. O. S. 297.

Sie ist mit zwei Zeilen Text 11 cm hoch und 21 cm breit. Die Namen der Schauspieler sind roth. Weisse Tuniken haben von rechts (heraldisch genommen) die 2., 5. und 6. Person, rothbraune die 3. und 4., eine hellbraune Tunica hat die 1. Die Toga ist grün bei der 3., roth bei der 1., gelb bei der 4. und 6. Die Haare sind hellbraun. Die Thüre ist roth, der Vorhang weiss.

Paris und Mailand besitzen ähnliche Bücher. Der Pariser Codex hat das gleiche Titelbild wie der römische, aber Miniaturen in einfachen, farblosen Konturen, welche an den Utrechter Psalter erinnern[1].

Näher steht dem vaticanischen Exemplar das colorirte der Ambrosiana[2]. Es stammt ebenfalls aus dem 9. oder 10. Jahrhundert. Seine 75 bis 90 mm hohen Bilder zeigen meist nur zwei, höchstens vier Schauspieler nach einer stark veränderten antiken Vorlage. Beispielsweise finden sich unter den in drei Reihen aufgestellten Masken vor Heauton timorumenos nur vier (1. 2. 5. und 6.) mit offenem Munde. In den Miniaturen erscheinen manche Schauspieler ohne Masken, aber mit verzerrten Zügen und offenem Munde. Bemerkenswerth sind die oft in kleinen Winkeln endenden Falten, die fliegenden Gewandzipfel und die häufig spitz endenden Finger. In der ersten Hälfte des Buches sind die Linien der Zeichnung wellig, wie mit zitternder Hand geführt. Die braunen Conturen sind mit Braun gefüllt oder mit hellblauen und hellbraunen Strichen schattirt; die Haare sind stets blau, die Gesichter und meist auch die Füsse braun, Kleider und Pallien blau oder braun conturirt.

de l'„Andria", a avec deux lignes de texte 11 cm de hauteur et 21 de largeur. Les noms des acteurs sont en rouge. En commençant par la droite les 2., 5. et 6. personnages ont une tunique blanche, le 3. et le 4. une tunique rouge-brun, le 1. une tunique brun-clair. La toge du 3. est verte, celle du 1. rouge, celle du 4. et 6. jaune. Les cheveux sont brun-clair; la porte est rouge, les rideaux sont bleus.

Paris et Milan possèdent des manuscrits semblables. Celui de Paris a le même frontispice que le manuscrit de Rome, mais des miniatures au trait sans couleurs, qui rappellent le psautier d'Utrecht[1].

L'exemplaire de Milan se rapproche plus de celui de la Vaticana et provient aussi du IX* ou X* siècle[2]. Ses miniatures de 75 × 90 mm ne donnent d'ordinaire que deux acteurs, au plus quatre. Il est dessiné d'après un modèle antique mais fort modifié. Parmi ses masques, rangés sur trois étages, on n'en trouve p. e. avant le Heauton timorumenos que quatre (1. 2. 5. et 6.) dont la bouche soit ouverte. Dans les miniatures beaucoup d'acteurs paraissent sans masque, mais avec des traits défigurés et la bouche ouverte. Les plis finissants par des angles aigus, les pans flottants des habits et les doigts terminés en pointes sont caractéristiques. Dans la première partie, les lignes du dessin sont ondées et comme tracées par une main tremblante. Les contours bruns sont remplis de brun-clair ou bien ombrés de traits bleu-clair ou brun-clair. Les cheveux sont bleus, les visages et presque toujours aussi les pieds sont bruns, les tuniques et les toges bleues ou brunes.

IV.

Iosue. Cod. Vatic. Pal. Graec. 431 bis.

Die berühmte Josuerolle hat, obwohl Anfang und Ende fehlen, mehr als 10 m Länge bei 315 mm Höhe und enthält 23 Illustrationen zum Buche Josue. Winkelmann sah sie als eine der ältesten Handschriften der Welt an, Labarte, Agincourt und andere wiesen sie dem 7. oder 8. Jahrhundert zu. In der Publication der englischen paläographischen Gesellschaft ist man nicht abgeneigt, sie bis ins 10. Jahrhundert hinabzurücken, und Garrucci will dem nicht unbedingt widersprechen, während neuestens Kondakoff für das 5. oder 6. Jahrhundert eintritt[3]. Wenn die Rolle nicht so hoch datiert werden kann, ist sie wenigstens eine geschickte Copie einer altchristlichen Vorlage.

Le célèbre rouleau de Josué, quoique mutilé au commencement et à la fin, a plus de 10 m de longueur et 315 mm de hauteur. Il contient 23 illustrations pour le livre de Josué. Winkelmann l'a considéré comme un des plus anciens manuscrits du monde; Labarte, Seroux d'Agincourt et d'autres le renvoient au VII* ou VIII* siècle. Dans la publication de la „Paleographical Society" on incline à le croire du X* siècle, et Garrucci ne veut pas le contredire absolument, tandis que Kondakoff plaida dernièrement pour le V* ou VI* siècle[3]. Si le rouleau ne remonte pas à un siècle si reculé, du moins il doit avoir été copié habilement sur un modèle de l'art chrétien primitif.

[1] Bibl. nationale 7899. Silvestre l. c. Lecoy de la Marche l. c. p. 135.   [2] Ambrosiana H. 75.   [3] Seroux d'Agincourt tav. xxviii. xxix. Labarte l. c.

III, 27 s. Garrucci l. c. tav. clvi—clxvii. Paleographical Society pl. cviii mit der bei Garrucci tav. clxv, 2 gegebenen Scene. Kondakoff l. c. p. 95 s.

Ihre Bilder haben im Innern Majuskeln und Current-schrift, unten nur letztere. Der Text der Unterschriften entspricht den Bildern, ward dem Buche Josue anscheinend aus einer römischen Bibel des 10. Jahrhunderts entnommen und ist wohl jünger als die Bilder.

In Tafel IV sitzt unten zur Rechten die zur vorhergehenden Scene gehörende Personification der Stadt Jericho[1], oben ruht jene der Stadt Hai (Gai)[2] zwischen den Bildern von Hai und Bethel. Die Unterschrift sagt: „Und Josue sandte Männer nach Hai, das bei (Bethel liegt), sagend: „Erforschet Hai."[3] Unter den beiden Abgesandten liest man: „Kundschafter für Hai"[4], vor Josue: „Josue, Sohn des Nave."[5]

Die oberhalb dieser Inschrift befindliche Blume ist neuere Zuthat. Die Höhe der Miniatur beträgt 315 mm, die Breite vom Fusse der rechts sitzenden Personification bis zum Ende des Speeres des ersten Kundschafters unten 41 cm.

Die Zeichnung ist voll Leben und Ausdruck. Die braunen Conturen sind theilweise leicht mit Blau und Violett gefüllt. In der Tafel IV gegebenen Miniatur sind hellblau die Tunica der ersten Personification, der Mantel der zweiten, die Helme der hinter Josue stehenden Krieger, der Schild des vordersten und das Kleid des ersten Kundschafters sowie der Mantel des zweiten. Hellviolette Farbe haben der Mantel Josues und der Personification von Hai, das Kleid des zweiten Kundschafters und die Dächer. Alles andere ist wie die Schrift braungelb und mit Weiss gehöht.

Meist erhielten in den übrigen Scenen die Helme, die Säume der Kleider sowie der Nimbus des Josue blaue, die Schilde und Mäntel dagegen violette Farbe. Städte, Bäume und Berge sind nur skizzirt. Von steifer, byzantinischer Hofkunst ist in der Rolle nichts zu finden. Die Figur des Josue ist immer bedeutend, oft grossartig. Die Tracht ist die antike, und das Ganze fusst auf den besten Vorbildern der alten römischen Zeit. Es ist eine grosse, freie und echt künstlerisch durchgeführte Arbeit.

[1] Πόλις Ἱεριχώ: (*Garrucci* tav. clx).
[2] Π(όλις) Γαί.

Les légendes sont à l'intérieur en majuscules et en cursive, en bas en cursive. Le texte des dernières explique les miniatures, il vient probablement du livre de Josué d'une bible romaine du X⁰ siècle. Ses lettres semblent plus récentes que les peintures.

Dans la planche IV. la personnification de la ville de Jéricho, assise en bas à droite[1], appartient à la scène précédente. En haut celle de la ville Hai (Gai) est couchée[2] entre les villes de Hai et de Béthel. La légende dit: „Et Josué envoya des hommes à Hai, qui est (située près de Béthel) en disant: „Explorez Hai."[3] On lit sous les deux envoyés: „Explorateurs de Hai"[4], devant Josué: „Josué, fils de Navé."[5]

La fleur au-dessus de la dernière inscription est moderne. Hauteur 315 mm, largeur du pied de la figure assise à droite jusqu'au bout de la lance du premier explorateur 41 cm.

Le dessin est plein de vie et d'expression. Les contours bruns sont en partie légèrement teintés de bleu et de violet. Dans la miniature de la planche IV. la tunique de la première personnification, le manteau de la seconde, les casques des guerriers derrière Josué, le bouclier de celui qui est placé en avant, la tunique du premier explorateur et le manteau du second sont bleu-clair. Le manteau de Josué et de la ville de Hai, la tunique du second explorateur et les toits ont une couleur violet-clair. Tout le reste est brun-clair comme l'écriture et rehaussé de blanc.

Dans les autres scènes les casques, les bordures des vêtements et le nimbe de Josué sont bleus, les boucliers et les manteaux violets. Les villes, les arbres et les montagnes sont seulement ébauchés. Dans ce rouleau, on ne trouve rien de ce qu'on a nommé si souvent la manière raide de la cour de Byzance. La figure de Josué est toujours noble, quelquefois grandiose. Le costume est antique, tout rappelle les meilleurs modèles de l'ancien art romain. C'est vraiment un chef-d'oeuvre de l'art.

[3] Καὶ ἀπέστειλεν Ἰησοῦς ἄνδρας εἰς Γαί, ἥ ἐστιν κατάσκοπος (statt: κατὰ Βαιθήλ), λέγων: κατασκέψασθε τὴν Γαί.
[4] Κατάσκοποι τῆς Γαί. [5] Ἰησοῦς ο του Ναυη

II. Theil.

Abendländische Miniaturen
vom 7. bis zum 11. Jahrhundert.

Tafel V—VIII.

REICHE Handschriften der Vaticana aus der Merowingischen Periode sind vier Sacramentare der gallischen Kirche, während zwei weitere in die karolingische Zeit überleiten. Miniaturen fehlen ihnen, doch haben sie Ziertitel und Initialen [1]. An sie schliesst sich eine Reihe alter, aus Lorsch stammender Bücher an: zwei Sacramentare des 10. oder 11. Jahrhunderts [2], ein leider unvollständiges Evangelienbuch aus dem Beginn des 9. (Tafel V) und eine Bibel in drei Bänden (Tafel VI, A) wohl aus dem 10. oder 11. Jahrhundert. Zu Casseneuil bei Poitiers ist 811 eine Erklärung der Genesis für Ludwig den Frommen geschrieben [3]. Noch frei von irischen Einflüssen sind zwei andere Evangelienbücher der karolingischen Zeit [4]. Initialen „wie das Buch von Corvey zu Brüssel" hat eine Handschrift der Bibliothek der Königin Christine [5].

Unter irischem Einflusse stehen die Canontafeln des von Jonatham geschriebenen Evangeliars [6]. Unter den longobardischen Büchern der Vaticana sind von hervorragendem Werthe ein Evangeliar (Tafel VII) und ein Buch aus Monte Cassino (Tafel VIII). Vier

---

[1] Cod. Vat. Reg. lat. 316 Saec. VII. VIII. — Reg. 317 Saec. d'Autun. — Reg. 257 Saec. VII. VIII. — Palat. 493 Saec. VII. VIII. — Ottoboni 313 Sc. de Paris. — Reg. 567 Saec. de Sens. *Delisle, Mémoire sur d'anciens Sacramentaires* (Paris 1886) p. 66. 69. 71. 149 (et 372). 162. Zu Reg. 316 pl. I—IV. Vat. lat. 3548 Saec. XI. Sac. Fuldens. Hist. Jahrb. XIII, 762.
[2] Cod. Vat. Pal. lat. 495 et 499. *Delisle* l. c. p. 238. 240.
[3] Cod. Vat. Pal. lat. 9575. Vgl. Die Trierer Ada-Handschrift (Leipzig 1889) S. 54 Anm. 1.
[4] Vat. Pal. lat. 47. — Vat. Urb. lat. 3. Die Trierer Ada-Handschrift S. 37.
[5] Cod. Vat. Reg. 15 Saec. X. Archiv XII, 266. Cfr. Urb. 10 Evangel. cum imaginibus. — Reg. 123 Varia, Beda etc. Saec. XI. — Pal. 206 Augustin. In Ioannem, Saec. X. — Pal. 220 Augustin. Sermones, Saec. IX.

Beissel, Vaticanische Miniaturen.

IIe Partie.

Miniatures du VIIe au XIe siècle
en Occident.

Planches V—VIII.

PARMI les manuscrits de l'époque mérovingienne il faut signaler quatre sacramentaires de l'église gallicane; deux autres sont de l'époque carlovingienne. Des miniatures leur manquent, mais ils sont enrichis de titres ornés et d'initiales [1]. Suit une série de manuscrits anciens de Lorsch: deux sacramentaires écrits au Xe ou XIe siècle [2], un évangéliaire malheureusement incomplet du commencement du IXe (planche V), et une bible en trois volumes (planche VI) du Xe ou XIe. Un commentaire de la Genèse fut écrit en 811, à Casseneuil, près de Poitiers, pour Louis le Débonnaire [3]. Dans deux autres évangéliaires du temps carlovingien [4] l'on ne trouve pas encore l'influence du style irlandais. Un autre manuscrit de la bibliothèque de la reine Christine a des initiales semblables à celles du manuscrit de Corbie à Bruxelles [5].

Les tables des canons de l'évangéliaire écrit par Jonatham ont été exécutées sous l'influence des Irlandais [6]. Parmi les livres d'écriture lombarde, il faut noter dans la Vaticana un évangéliaire (planche VII) et des „sermons" illustrés du Mont-

---

[6] Cod. Vat. Pal. lat. 46 Evangelia Saec. VIII. fol. 137:
Qui scribere nescit, nullum putat esse laborem.
Tres digiti scribunt. duo oculi vident,
Una lingua loquitur, totum corpus laborat,
Et omnis labor finem habet, et praemium ejus non habet finem. Quam dulcis est navigantis optimus portus, ita scriptori novissimus versus. Ego Ionatham, clericus, Domino opitulante hunc codicem scribere studui. Ora pro me, scriptore, Dominum habens protectorem. Amen. Die erste Zeile findet sich auch in einem Codex des Münsters zu Essen. Die drei ersten hat ein Codex von Corbie, *Lecoy de la Marche* l. c. 102. Im Comes 1 dom. post Pent., 7 hebd. post natale apostolorum, 5 hebd. post natale S. Laurentii, 7 hebd. post nat. S. Cypriani, 4 hebd. ante natale Domini.

2

illustrirte Codices aus Benevent sind etwas jünger: ein Brevier, ein Kalender mit der Benediktinerregel, eine Chronik und eine Exultetrolle. Letztere findet in einem zweiten Exultet seine Parallele[1]. Ein longobardisches Psalterium aus Monte Cassino ist, gleich jenem Brevier aus Benevent, reich an grossen Initialen, welche denjenigen der Codices zu Monte Cassino entsprechen[2].

Ein alter Kalender mit Sternbildern und Monatsbeschäftigungen (Taf. VI, B) ist als Bindeglied zwischen den ältern und neuern Kalenderillustrationen nicht unwichtig. Parallelen zu ihm bieten mehrere andere mit ähnlichen Bildern ausgestattete Handschriften[3].

Cassin (planche VIII). Quatre manuscrits enluminés de Bénévent sont un peu plus récents: un bréviaire, un calendrier avec la règle de St. Benoît, une chronique et un rouleau d'Exultet. Le dernier trouve son analogue dans un second „Exultet"[1]. Un psautier lombard du Mont-Cassin et le bréviaire cité de Bénévent sont richement ornés d'initiales, semblables à celles du Mont-Cassin[2].

Un vieux calendrier avec les signes du zodiaque et les occupations des mois n'est pas sans valeur, comme lien entre les illustrations plus anciennes et plus récentes du calendrier. Il faut y joindre plusieurs autres manuscrits ornés de figures semblables[3].

V.

Evangelia. Cod. Vatic. Palat. lat. 50.

Corsen hat den Text dieser Handschrift gründlich untersucht und nachgewiesen, dass er mit dem des jetzt in der Pariser Nationalbibliothek (N. 8850) befindlichen Evangelienbuches von Soissons und demjenigen des Ada-Codex übereinstimmt[4]. Auch die Zählung der Sonntage nach Pfingsten ist in allen drei Büchern die gleiche. Das Fest des hl. Martin ist im Comes des Cod. Vatic. mit grossen rothen Buchstaben bezeichnet gleich den höchsten Festen des Kirchenjahres.

Dem Trierer Ada-Codex gleicht dieser römische Codex auch in den Bildern, in der Schrift und in der Grösse (372 × 268 mm). Die Höhe der Miniatur beträgt 330, die Breite 255 mm. Beide sind in Gold auf zwei Spalten geschrieben und haben für den Text farbige Umrahmungen mit Ornamenten. Die erste Hälfte des vaticanischen Codex ist verloren; er beginnt mit dem „Argumentum in Lucam".

In dem grossen Werke über die Ada-Handschrift hat man bei Beschreibung unseres Codex eine

Corsen, après avoir examiné à fond le texte de ce manuscrit, a prouvé, qu'il correspond à celui de l'évangéliaire de Soissons, qui se trouve maintenant à la bibliothèque nationale (N. 8850), et à celui de Trèves, qui porte le nom d'Ada[4]. Aussi la manière de compter les dimanches après la Pentecôte est-elle la même dans ces trois livres. Dans le Comes du Cod. Vatic. la fête de St. Martin est écrite avec de grandes lettres rouges comme les fêtes principales de l'année ecclésiastique.

Ce manuscrit du Vatican ressemble encore à celui de Trèves par les miniatures, l'écriture et la grandeur. Il a 372 × 268 mm, ses miniatures ont 330 × 255. Tous les deux ont des lettres d'or sur fond blanc, deux colonnes et pour le texte un encadrement rempli d'ornements en couleurs. Il est à regretter que la première partie du manuscrit de Rome soit perdue; il commence par l'„Argumentum in Lucam".

Une note écrite dans la longueur du manuscrit sur le bord intérieur de la dernière feuille n'a pas

---

[1] Cod. Vat. lat. 4928. Breviarium Beneventanum Saec. XII. — Vat. lat. 4939. Chronica ecclesiae S. Sophiae prope Beneventum Saec. XII./XIII. *Seroux d'Agincourt* tav. LXVIII, n. 8. — Vat. lat. 5419 Calendar. et regula monast. monial. S. Laurentii Benevent. Saec. XII./XIII. Archiv XII, 250. Histor. Jahrb. XIII, 762. — 9820 Rotula „Exultet". *Seroux d'Agincourt* tav. LIII—LVI. Monasterii S. Petri monialium ord. S. Benedicti in civitate Beneventana. Scriptum et pictum Pandolfo et Landolfo, principibus Beneventanis c. 1059. — Vat. lat. 3784 Exultet. Cfr. *Sante Pieralisi*, Il preconio pasquale conforme al insegne fragmento del codice Barberiniano. Roma 1883.

[2] Cod. Vat. Urb. lat. 585 Psalterium Saec. XI. — Vat. lat. 6082 Missale longobard. cum litteris ornatis. Cfr. I codici e le arti a Montecassino per *D. Andrea Caravita* I. Montecassino 1869. Paleografia artistica di Montecassino. Monte-

cassino 1877 sg. Le miniature nei codici Cassinensi. *Beissel*, Mittelalterliche Kunstdenkmäler in Montecassino. Stimmen aus Maria-Laach XLIII, 507 f. Archiv XII, 264.

[3] Cod. Vat. lat. 643 Beda de natura rerum. Saec. XI. — Vat. lat. 645 Saec. XI. Aus Frankreich. Archiv XII, 221. Mittheil. d. Inst. f. österr. Geschichtsforschung X, *Riegel*, Mittelalterliche Kalenderillustration S. 74 f. — Vat. Reg. lat. 309 Saec. X. Aus Frankreich. — Vat. Reg. lat. 438 Martyrolog. Wandalberti Saec. X. l. c. 40 s. Taf. I. u. — Vat. lat. 3101 Varia. Geschrieben 1077 zu Ilmmünster, Diöcese Freising. Archiv XII, 232. Histor. Jahrb. XIII, 760. — Vat. lat. 3109. *Hyginus*, De signis coelestibus. Cfr. Jahrb. des K. d. arch. Instituts. Ergänzungsh. I. *Strzygowski*, Die Kalenderbilder des Chronographen von 354.

[4] Die Trierer Ada-Handschrift S. 40; vgl. S. S. 38. 89 f. und Tafel XXXI—XXXIV.

wichtige Notiz übersehen. Sie ist am innern Rande des letzten Blattes in der Länge der Seite geschrieben und gibt an, dies Buch sei 1479 unter Eberhard II. von Wassen, Probst zu Lorsch, neu gebunden worden [1]. Nach dem Katalog der Vaticanischen Bibliothek hatte der Deckel ehemals ein Elfenbeinrelief [2], das sich jetzt im christlichen Museum des Vaticans befindet. Der jetzige Einband besteht aus rothem Leder.

War die Handschrift Eigenthum des Klosters Lorsch, so erhält die von mir früher ausgesprochene Vermuthung ein neues Gewicht: auch die Handschrift der Ada sei vielleicht dort, nicht in Metz, geschrieben und ausgemalt worden [3].

Die beiden Evangelistenbilder des Cod. Palat. 50 sind besser als jene des Cod. Paris. 8850 und brauchen den Vergleich mit denen der Ada-Handschrift nicht zu scheuen. Auf dem ersten, Tafel V, trägt der Evangelist Lucas ein rothes, mit Gold gehöhtes, mit schwarzen Besatzstücken versehenes Kleid und einen blauen, mit Weiss gehöhten, mit Schwarz schattirten Mantel. Der Sessel hat einen weissen mit braunen Streifen verzierten Vorhang, eine grüne mit Gold gehöhte Rückwand, ein gelbes Sitzbrett, einen braunen Untersatz, einen gelbgrünen Fuss mit einer gelben und braunen Fussbank. Das Schreibpult ist von unten nach oben roth, graugrün und mit Gold, Gelb und Blau verziert. Im Hintergrund sieht man unten in Hellgrau blattartige Ornamente, oben Wolken. Der braune Nimbus des Evangelisten ist mit Gold verziert, derjenige seines Symbols ist vergoldet. Die Säulen sind violett und vergoldet; der violette Bogen hat blaue und grüne, mit Gold gehöhte Blätter. In seiner Mitte glänzt eine rothe Gemme, neben ihm wachsen dunkelgrüne und violette Blumen auf.

In der zweiten Miniatur sitzt Johannes in face auf einer Bank zwischen zwei Vorhängen unter seinem Adler. Neben dem Bogen der Umrahmung wachsen auch hier Blumen hoch auf [4].

été signalée dans la description donnée par les éditeurs de l'évangéliaire d'Ada. Elle dit que le livre fut relié en 1479 sous Eberhard II de Wassen, prévôt de Lorsch [1]. Selon le catalogue du Vatican la couverture était autrefois ornée d'une plaque d'ivoire [2], maintenant déposée au musée chrétien du même palais. La reliure actuelle est en cuir rouge.

La provenance du manuscrit de Lorsch donne un nouveau poids à ce que nous avons soutenu jadis, que peut-être l'évangéliaire magnifique d'Ada a été écrit et peint dans ce couvent, et non pas à Metz [3].

Les deux miniatures d'évangéliste du Cod. Palat. 50 sont préférables à celles du Cod. Paris. 8850, et n'ont pas à redouter la comparaison avec celles du manuscrit de Trèves. Dans la première, planche V, l'évangéliste St. Luc porte une tunique rouge, rehaussée d'or, ornée de bandes noires et un manteau bleu, rehaussé de blanc et ombré de noir. Son siége a des rideaux blancs, ornés de bandes brunes, un dossier vert, rehaussé d'or, un fond jaune, une base brune et un socle jaune-vert avec un escabeau jaune et brun. Le pupitre est de bas en haut rouge, gris-verdâtre, et orné d'or, de jaune et de bleu. Dans le fond brun-clair, on voit en bas un feuillage, en haut des nuages. Le nimbe brun de l'évangéliste est orné d'or, celui de son symbole est doré. Les colonnes sont violettes et dorées, l'arceau violet porte des feuilles bleues et vertes, rehaussées d'or. Une pierre gravée brille au milieu, à ses côtés s'épanouissent des fleurs vertes et violettes.

Dans l'autre miniature l'évangéliste Jean est assis sur un banc sous son aigle entre deux rideaux. Des fleurs s'élancent près de l'arceau comme dans la première miniature [4].

VI.

A. Biblia. Cod. Vatic. Palat. lat. 4 fol. 70.

B. Calendarium. Cod. Vatic. Reg. lat. 1263 fol. 73 v.

VI, A. Grosse Bibel von 495 × 340 mm in drei Bänden (Palat. lat. 3—5), angeblich aus dem 9. Jahrhundert, aber wohl jünger; ehedem Eigenthum des Klosters Lorsch und laut einer am Ende des ersten Bandes befindlichen Notiz Geschenk eines Udalrich an ein Kloster des hl. Magnus [5].

VI, A. Grande bible de 495 × 340 mm en trois volumes (Palat. lat. 3—5), attribuée au IXe siècle, mais probablement plus récente, provenant de Lorsch et d'après une note à la fin du Ier volume, don d'un Udalrich à un couvent de St. Magne [5].

[1] Renovatus ac ligatus est liber iste sub reverendissimo domino praeposito Eberhardo de Wassen monasterii lorsensis. anno dñi. (MCCCC)LXXIX. Ligatus per Iohannem Fab(er) de Selligenstat, vicarium ecclesiae Wormacionals. Vgl. Historisch-topographisch - statistische Beschreibung des Fürstenthums Lorsch von K. Dahl (Darmstadt 1812) S. 87. Urkundenbuch

S. 133 Anm 16. Gori, Evangel. quadrup. II. Sanftl, Descriptio Codicis aurei Ratisbon. p. 28, wo statt MCCCCLXXIX MLXXIX gelesen ist. Archiv XII, 330.

[2] Ex pergameno cum ebore figurato.

[3] Stimmen aus Maria-Laach XXXVIII. 324 f.

[4] Seroux d'Agincourt tav. LXXXI, n. 5.

[5] Cum omnia huius saeculi labentia cernes, pro remedio

2 *

Beim Beginn der meisten Bücher dieser Bibel steht eine grosse, oft sehr bewegte Figur mit frei hängenden Gewandstücken. Viele dieser Figuren haben um ihren runden Nimbus eine viereckige Umrahmung und sind dann noch in eine viereckige Einfassung eingeschlossen[1]. Merkwürdig ist Fol. 5 das grosse Bild der Erschaffung der Stammeltern. Oben erscheint Gott innerhalb eines den Himmel sinnbildenden Halbkreises im Brustbilde mit einem Kreuzesnimbus, um den eine viereckige Einfassung geht. Tiefer stehen zur Rechten und Linken Adam und Eva, je in einer Mandorla. Unten sitzt Gott mit einem Kreuzesnimbus, um den wiederum ein Viereck gelegt ist, auf einer Kugel vor den Stammeltern.

Tafel VI, A zeigt das 14 cm breite und mit fünf Zeilen Text 23 cm hohe Bild Salomons. Sein blaues Kleid ist mit Weiss gehöht, sein rother Mantel dunkel schattirt, das um die Schultern gelegte Tuch ist dunkelgrün, der Nimbus gelb.

Die ziemlich rohen und übergrossen Initialen sind gefüllt mit Flechtwerk, Ranken und Blättern.

Der dritte Band hat nach den einfachen Canontafeln ein grosses Bild des sitzenden Heilandes. In den Ecken sind die Evangelistensymbole gemalt. Auch sie tragen ein Viereck um den runden Nimbus. Eine gleiche Bibel besitzt die Bibliothek zu Parma (Cod. Palat. 386).

VI, B. Der Kalender von St. Mesmin bei Orleans, dem diese Tafel entnommen ist, entstammt dem Beginn des 11. Jahrhunderts[2]. Er meldet bereits für den 1. November das Fest Allerheiligen.

Das Sternbild des Skorpion ist von einem zwei Schweine verkaufenden Hirten begleitet, weil man sie im Monat November zu kaufen und zu schlachten pflegte. Der Käufer trägt ein gelbes, roth gehöhtes Kleid, weisse, blau und roth gestreifte Beinkleider und einen grünen Kranz; der Verkäufer ein violettes, grün gehöhtes Kleid. Der Skorpion ist blau, am Rande roth, die Schweine sind blau gefleckt[3].

Fol. 58 bietet Fingerstellungen zur Darstellung der Einer und Zehner bis Hundert, Fol. 59 f. Brustbilder mit Gestus zur Anzeige von Zahlengrössen, Fol. 60 v. einen Mann mit dem Gestus für die Zahl 1 000 000. Der Fol. 65 beginnende Kalender gibt zu jedem Monate ein Sternbild und eine Beschäftigung. Fol. 75 folgen astronomische Bilder. Die ziemlich rohen Conturzeichnungen sind oft mit Farben ausgefüllt.

Au commencement de la plupart des livres de cette bible se trouve une grande figure très mouvementée et avec des vêtements flottants. Plusieurs de ces figures portent autour de leur nimbe un encadrement quadrangulaire et sont placées elles-mêmes dans une bordure quadrangulaire[1]. La grande miniature de la création fol. 5 est remarquable. Au sommet Dieu apparait en buste; il a un nimbe cruciforme, entouré d'un encadrement quadrangulaire. Il se trouve dans un demi cercle représentant le ciel. En bas Adam et Ève sont placés à droite et à gauche dans des amandes mystiques. Plus bas Dieu, portant le nimbe, cruciforme et entouré d'un carré, est assis sur un globe devant nos premiers parents.

La planche VI, A donne le portrait de Salomon, avec cinq lignes de texte haut de 23, large de 14 cm. Sa tunique bleue est rehaussée de blanc, son manteau rouge ombré de noir. Le voile mis autour de ses épaules est vert foncé, le nimbe jaune.

Les initiales assez grandes et lourdes sont remplies d'entrelacs, de rinceaux et de feuilles.

Après les simples tables des canons le troisième volume présente dans une grande miniature le Seigneur assis. Les symboles des évangélistes sont peints dans les coins. Eux aussi portent un carré autour du nimbe. La bibliothèque de Parme (Cod. Palat. 386) possède une bible pareille.

VI, B. Le calendrier de St. Mesmin, d'où cette planche est tirée, est du commencement du XI° siècle[2]. Il donne déjà au 1 novembre la fête de la Toussaint.

La constellation du scorpion est accompagnée d'un berger vendant deux porcs, parcequ' on les achetait et saignait au mois de novembre. L'acheteur porte une tunique jaune, rehaussée de traits rouges, des chausses blanches, rayées de bleu et de rouge, et une couronne verte, le vendeur un habit violet, rehaussé de vert. Le scorpion est bleu, bordé de rouge; les porcs ont des taches bleues[3].

Fol. 58 donne des positions de doigts pour la représentation des unités et des dixaines jusqu'à cent, fol. 59 s. des bustes avec des gestes pour indiquer d'autres chiffres, fol. 60 s. un homme, faisant un geste signifiant un million. Le calendrier commençant au fol. 65 offre pour chaque mois une constellation et une occupation. Fol. 75 suivent des dessins astronomiques. Les contours assez gauchement dessinés sont souvent coloriés.

---

mee anime mente revolvens, aliquid solamen ad exustum sci Magni offerre cocnobium, hunc Dei gra(tia) opitulante acquisivi librum. Quem ego Udalricus, summis principibus notus, Deo sanctoque Magno ad famulatum pro mea meorumque tam vivorum quam etiam defunctorum perpetua quiete ea tradens patrono eademque trado firmitate, quod si aliqua persona velit inde abstrahere, qualibet mec consanguinitate libere habeat potestatem, sibi dictum librum vendicare.

[1] Tom. I, fol. 91 Amos; fol. 94 Ionas; fol. 98 Sophonias; fol. 102 Isaias etc.

[1] Archiv XII, 315. Cfr. Chronica minora ed. Mommsen, Mon. Germ., Auct. antiqu. I, 42 sq. Imagines planetarum et mensium. Gregor. Turon., De cursu stellarum, Mon. Germ. SS. rer. Merov. IX, 863 sq. Riegl l. c. S. 51 f. Taf. III f.

[3] Luna Dece(m)b(ris) XV. XVII. egypt(iaca).
Quinta No(vem)b(ris) acus, vix tercia mansit in urna.
Scorpius hibernum praeceps lubet ire Nove(m)bre(m).
November habet dies XXX. Luna XXX.
Epac(ta) VII. C(on)cur(rens) V. Nox hor(arum) XIV, dies hor(arum) X. D. c. k. d. K(a)l(end). Nov(em)b. Festivitas omniu(m) s(an)c(t)or(um). CCCV. Migne, Pat. lat. XC, 782.

VII.

Evangelia. Cod. Vatic. lat. 3741 fol. 28.

Evangelienbuch in longobardischer Schrift und in Grossfolio. Das am Ende in gotischer Schrift beigefügte Güterverzeichniss des Subdiakons Oggerius von St-Paul [1] dürfte auf die grosse römische Basilika dieses Apostels und dadurch auf die mit St-Paul in inniger Beziehung stehende Schreibschule von Monte Cassino hinweisen.

Im Anfang steht ein mit Weihnachten beginnendes Perikopenverzeichniss. Es hat 23 Sonntage nach Pfingsten, eine Vigil für Judas und Jacobus, ein Commune Sanctorum, aber am 1. November nur „Natale Sancti Caesarii", nicht aber das Fest Allerheiligen. Die bunten, aber einfach gezeichneten Cauontafeln haben irisches Flechtwerk. Neben den Bogenanfängen und zuweilen neben den Säulenfüssen stehen Vierfüssler und Vögel. Matthäus hat 28, Marcus 12, Lucas 20, Johannes 14 Kapitel. Sieben grosse Miniaturen folgen den Canones und der Vorrede zu Matthäus.

I. Ein kleiner mit einem Mantel bekleideter Laie wird vom hl. Petrus einem grossen, thronenden, mit dem Nimbus ausgezeichneten Bischofe vorgestellt, um ihm das Buch zu überreichen.

II.—V. Die vier Evangelisten. Alle sitzen unter ihrem Symbol. Sowohl in dem vor ihnen befindlichen Buche oder in ihrer Rolle als bei ihrem Zeichen ist der Anfang ihres Evangeliums eingeschrieben. Matthäus und Johannes haben einen Nimbus, nur bei letzterem stehen zwei Nebenpersonen.

Die Conturen sind mit dünnen, fast durchsichtigen Farben gefüllt, mit Weiss gehöht und mit andern Farben schattirt. Im Grün und Blau findet man rothe, im Roth schwarze Schattenstriche. Grün kommt verhältnissmässig häufig, Gold selten vor.

Der erste, besser gezeichnete Evangelist ist wohl Copie eines ältern Vorbildes. Schon beim zweiten ist der Kopf übergross, bei den beiden letzten wird er unförmig dick und rund.

II. Matthäus sitzt vor einer Rolle und schaut nach oben, nur in einer Stadt sein Symbol mit einem Schriftbande schwebt.

III. Marcus sitzt vor einem Buche, sein Löwe hält ein Schriftband.

IV. Lucas hält ein Schriftband, sein Symbol eine Tafel.

V. Johannes, Tafel VII (30 × 21 cm), schaut nicht auf den Bischof, der sich mit seinem Diakon naht, sondern zum Adler hin. Das Kleid des Evangelisten ist blau wie das Kissen, der Mantel roth. Unter dem Arm erscheint das Futter gelb, hinter dem Buche und dem Rücken grün. Der dem Evangelisten sich nähernde Bischof hat eine hellgrüne Casel und gleichfarbige Schuhe,

Évangéliaire en écriture lombarde grand infolio. Il nous semble que la liste des terres du sous-diacre Ogier de St-Paul [1], ajoutée à la fin en lettres gothiques, renvoie à la grande basilique romaine de ce nom et à l'école du Mont-Cassin, liée étroitement à cette église.

Le manuscrit commence par une liste des évangiles des dimanches (Comes). Le premier est celui de la Nativité. Nous y trouvons 23 dimanches après la Pentecôte, une vigile de Judas et Jacques, un „Commune Sanctorum", mais au 1 novembre „Natale S. Caesarii", au lieu de la fête de la Toussaint. Le manuscrit est donc du Xe ou du XIe siècle. Les tables des canons sont simples, mais un peu bariolées et remplies d'interlacs irlandais. Des quadrupèdes et des oiseaux se trouvent à la base des arceaux et quelquefois à côté des bases. St. Matthieu a 28 chapitres, St. Marc 12, St. Luc 20, St. Jean 14. Sept grandes miniatures suivent les canons et la préface de St. Matthieu.

I. Une petite figure d'homme laic, vêtu d'un manteau, est présentée par St. Pierre à un évêque de grande taille, assis sur un trône et orné d'un nimbe, pour lui faire don de ce livre.

II.—V. Les quatre évangélistes. La première phrase de leur évangile est écrite dans leur livre ou dans leur rouleau et auprès de leur symbole. St. Matthieu et St. Jean sont nimbés, le dernier est accompagné de deux autres personnages.

Les contours sont remplis de couleurs presque transparentes, rehaussées de blanc et ombrées de traits d'autres couleurs plus foncées. Dans le vert et dans le bleu les ombres sont rouges, dans le rouge noires. Le vert se trouve souvent, l'or rarement.

Le premier évangéliste, mieux dessiné, est probablement copié sur un modèle ancien. Déjà chez le second, la tête est grande, chez les deux suivants elle devient presque difforme par sa rondeur et sa grosseur.

II. St. Matthieu, assis devant un rouleau, lève ses regards vers une ville, sur laquelle son symbole plane avec un rouleau ouvert.

III. St. Marc se trouve devant un livre, tandis que son lion tient un rouleau.

IV. St. Luc tient un rouleau, son symbole une table.

V. St. Jean, planche VII (30 × 21 cm), ne regarde pas l'évêque qui s'approche avec son diacre, mais son aigle. L'habit de l'évangéliste est bleu comme le coussin, le manteau rouge, la doublure jaune sous le bras, verte derrière le livre et le dos. L'évêque, s'approchant de l'évangéliste, a une chasuble et des souliers vert-clair, des manches jaunes, une aube de vermillon, un pallium

---

[1] Haec sunt loca, quae fuerunt Domini Oggerii subdiaconi ecclesiae Sancti Pauli.

gelbe Aermel, eine mennigrothe Albe, ein goldenes Pallium und weisse Haare. Sein Diakon trägt eine mennigrothe Dalmatik mit gelbem Besatz über einer blauen Albe. Das Dach und dessen Stützen sind hellgrün. Der Giebel ist mennigroth, das grosse, eckige, den Adler umgebende Band hellgelb, das runde, weisse ist schwarz beschrieben (Io. 1, 1 f.). Der fleischfarbige Hintergrund ist mit rothen, grünen und braunen Flecken besät. Auch die fleischfarbigen, schwarz conturirten Gesichter und Hände haben rothe Flecken. Die Nimben sind golden. Innerhalb der schwarzen Conturstriche des Adlers wechseln Roth, Grün und Blau.

Die blaue Farbe ist, wie die Phototypie zeigt, an vielen Stellen abgeblättert. Das Bild ist wichtig wegen der Mischung antiker und nordischer Formen. Die Grundlinien des Evangelisten sind römisch, die Auffassung des Adlers dagegen irisch. Sie erinnert an die Adler im „Book of Kells" (7. Jahrhundert) zu Dublin und im Evangelienbuche des Mac Regol (9. Jahrhundert) zu Oxford [1]. Auch die bunte Farbengebung, von der bereits oben ein Beispiel gegeben ward und wovon andere folgen werden [2], ist auf nordische Einflüsse, schwerlich aber auf Nachahmung byzantinischen Zellenemails zurückzuführen.

VI. Grosser, in einer Mandorla thronender Christus mit Buch und Segensgestus.

VII. Thronende Madonna. Das Kind sitzt mitten auf ihrem Schosse; zur Rechten und Linken ein stehender, darunter je ein knieender Engel, welcher seine Hände (ohne Tuch) anbetend vor sich hinhält.

Wir haben also hier ein Motiv, das die spätern Italiener (Cimabue, Duccio und andere) weiterentwickelt, Fra Angelico aber verklärt hat.

Die Miniaturen kommen denen des Gottschalk-Evangeliars so nahe, dass eine Schulverwandtschaft wohl kaum zu läugnen ist [3].

doré, et les cheveux blancs. Son diacre porte au-dessus d'une aube bleue une dalmatique de vermillon, bordée de jaune. Le toit et ses soutiens sont vert-clair, le pignon est vermillon, le grand encadrement angulaire, autour de l'aigle, jaune-clair, la bande ronde et blanche porte des lettres noires (Jo. 1, 1 s.). Le fond, couleur de chair, est semé de taches rouges, vertes et brunes. Les visages et les mains ont des contours noirs, la couleur de chair et des taches rouges. Les nimbes sont dorés. Au dedans des contours noirs de l'aigle se succèdent le rouge, le vert et le bleu.

Le bleu s'est défeuillé en maint endroit, la phototypie le prouve. Il faut noter dans la miniature le mélange des formes de l'antiquité et du nord. Les lignes principales de l'évangéliste tiennent de l'antique, le style de l'aigle de l'Irlande. Il rappelle les aigles du „Book of Kells" (VII° siècle) à Dublin et de l'évangéliaire de Mac Regol (IX° siècle) d'Oxford [1]. De même il faut rapporter à l'influence du Nord le coloris bariolé, dont nous avons déjà donné un exemple et dont nous en donnerons d'autres [2], car ce n'est pas une imitation des émaux cloisonnés de Byzance.

VI. Grande figure du Christ, assis dans une amande mystique et sur un trône, tenant le livre et bénissant.

VII. La Vierge assise porte l'enfant sur ses genoux. A droite et à gauche un ange se tient debout; au-dessous deux autres à genoux tendent les mains nues en avant, pour adorer le Seigneur. Voici donc un motif que les artistes italiens (Cimabue, Duccio et d'autres) ont développé plus tard et que Fra Angelico a conduit à la perfection.

Les miniatures se rapprochent tant de celles de l'évangéliaire de Godeschalc qu'on ne saurait nier un parenté d'école [3].

VIII.

Sermones in Monte Cassinensi scripti. Cod. Vatic. lat. 1202 fol. 17 v.

Longobardische Handschrift des 11. Jahrhunderts, hergestellt zu Monte Cassino, enthaltend Reden zu Ehren des hl. Benedikt, dessen Leben aus den Dialogen des hl. Gregor, das Leben des hl. Maurus u. dgl., verziert mit zahlreichen je eine Folioseite füllenden Initialen und Bildern. Die Initialen sind wie die in der Paleografia von Monte Cassino publicirten [4], verbinden Thiere mit dem farbenreichsten Flecht- und Rankenwerk. So geben sie ein Vorbild für

Manuscrit lombard du XI° siècle exécuté au Mont-Cassin, contenant des sermons en l'honneur de St. Benoît, sa vie tirée des dialogues de St. Grégoire, la vie de St. Maur etc., orné de beaucoup d'initiales et de miniatures remplissant une page in-folio. Les initiales riches en couleurs, du genre de celles qu'on a publiées dans la „Paleografia di Montecassino" [4], mêlent des animaux aux rinceaux et aux entrelacs.

manuscrits III, pl. I—III (Exemplaire de la bibl. Victor Em. à Rome), selon Delisle n. 81 s.

[4] Tosti, Bibliotheca Cassinensis, Praefatio. Caravita i codici e le arti in Montecassino I, 400 sg. Paleografia artistica di Montecassino (Montecassino 1877 sg.), Longobardo-Cassinense p. 1. Archiv XII, 223 sagt von unserer Handschrift: Die Gemälde und Initialen „wetteifern mit dem Schönsten, was darin das Mittelalter geleistet hat".

[1] Westwood, Facsimiles of the miniatures and ornaments of Anglo-Saxon and irish manuscripts, pl. IX. XVI. Cfr. Westwood, Palaeographia sacra pictoria. London 1843 f.

[2] Tafel VI, B S. 12. Tafel VIII S. 15. Tafel XVII, B.

[3] Cod. Paris., bibl. nat. lat 1993. Die Trierer Ada-Handschrift, Tafel XXV. Bastard, Peintures et ornements des

die lebensvollen Ranken, woran die französischen und die deutschen Künstler im 12. und 13. Jahrhundert sich erfreuten.

Fol. 2 übergibt Abt Desiderius von Monte Cassino, der einen viereckigen Nimbus trägt, dem hl. Benedikt Bücher und Grundbesitz[1].

Fol. 17 v. Tafel VIII. Das 27×17 cm grosse Blatt enthält sechs durch Unterschriften[2] erklärte Scenen aus dem Leben des hl. Benedikt:

1. und 2. Der Heilige erhält den ersten religiösen Unterricht und lernt lesen. 3. und 4. Er tröstet seine weinende Amme, welche ein geliehenes Gefäss zerbrochen hatte, indem er betend dessen Wiederherstellung erfleht. 5. und 6. Er erhält von Romanus das Kleid der Einsiedler und Brod, der Teufel aber zerbricht durch einen Steinwurf das eherne Glöckchen, wodurch jener seine Ankunft meldet.

Beachtenswerth ist in der zweiten Scene der viereckige Heiligenschein des Lehrers, der also hier nicht einen Lebenden charakterisirt. Die schöne und edle Zeichnung ist ein Beweis des Aufschwunges, den die Kunst unter Desiderius zu Monte Cassino gewann[3]. In den Gesichtern findet sich viel Grün. Noch das um 1400 geschriebene Buch „De arte illuminandi" der Neapolitanischen Bibliothek empfiehlt die Gesichter grün zu untermalen[4].

Grün sind auch in 1. das Unterkleid des Lehrers, die Tischplatte und die Schuhe Benedikts, in 2. wiederum die Kleider des Lehrers und Benedikts sowie der Fussschemel, in 3. der Schleier der Amme, der Stuhl und Benedikts Mantel, in 4. der Mantel, die Kapitäle und der Vorhang unten, in 5. das Unterkleid des Romanus und die Schuhe Benedikts, in 6. das Unterkleid des Romanus und der Korb. Violette Farbe haben in 1., 4. und 6. das Kleid des hl. Benedikt, in 3. dasjenige der Amme, in 5. die Kutte, welche Romanus hinreicht, und in 6. die fast ganz ausgelöschte Teufelslarve. Blau sind in 1. der Stuhl und der Untersatz des Tisches, in 2. die Schuhe des Lehrers und sein Buch, in 4. eine Säule, in 5. die Kleider beider Personen, in 6. die Höhle und das Kleid des Romanus. Roth sind in 1. das Oberkleid des Lehrers, in 2. die Säume des Lehrers, in 3. das Kleid Benedikts, in 4. die mittlere Säule und das Gewölbe.

Alle Nimben sind vergoldet und roth gerändert. Die Farben sind oft mit Weiss gehöht. Ihre Vertheilung, besonders das viele Grün, erinnert an das „Registrum sancti Angeli ad Formas" bei Capua in der Bibliothek von Monte Cassino[5].

Ils préparent les ornements pleins de vie, qui plaisaient tant aux artistes français et allemands du XIIᵉ et du XIIIᵉ siècle.

Fol. 2. L'abbé Didier du Mont-Cassin, orné d'un nimbe carré, offre à St. Benoît des livres et des terres[1].

Fol. 17 v. La feuille de 27 × 17 cm contient six scènes de la vie de St. Benoît, expliquées par des légendes[2].

1 et 2. Le saint reçoit la première instruction religieuse et apprend à lire; 3 et 4 il console sa nourrice qui pleure, parce qu'elle a cassé un vase emprunté; il en obtient dans la prière la restitution; 5 et 6. de Romanus il reçoit l'habit d'ermite et du pain, mais le diable casse la cloche, par laquelle celui-ci annonce son arrivée.

Remarquez dans la 2ᵉ scène le nimbe carré du maître, qui ne caractérise point ici un vivant. Le dessin de bonne et noble facture prouve que les arts ont gagné au Mont-Cassin sous Didier[3]. On trouve beaucoup de vert dans les visages. Le livre „De arte illuminandi" de la bibliothèque de Naples recommande encore vers l'an 1400 de donner aux visages du vert comme première couche[4].

Sont verts: dans la scène 1ᵉ l'habit du maître, le dessus de la table et les souliers de Benoît, dans la 2ᵉ l'habit du maître et de Benoît et l'escabeau, dans la 3ᵉ le voile de la nourrice, la chaise et le manteau de Benoît, dans la 4ᵉ le manteau, les chapiteaux et le bas du voile, dans la 5ᵉ l'habit intérieur de Romanus et les souliers de Benoît, dans la 6ᵉ l'habit intérieur de Romanus et le panier. Sont violets: dans la 1ᵉ, 4ᵉ et 6ᵉ scène l'habit de Benoît, dans la 3ᵉ celui de la nourrice, dans la 5ᵉ le froc donné par Romanus et dans la 6ᵉ la figure du diable presque entièrement effacée. Sont bleus: dans la 1ᵉ la chaise et la base de la table, dans la 2ᵉ les souliers du maître et son livre, dans la 4ᵉ une colonne, dans la 5ᵉ les habits des deux personnages, dans la 6ᵉ l'habit de Romanus et la grotte. Sont rouges: dans la 1ᵉ scène l'habit de dessus du maître, dans la 2ᵉ les bordures du maître, dans la 3ᵉ le vêtement de Benoît, dans la 4ᵉ la colonne du milieu et la voûte.

Tous les nimbes sont dorés et ont des bordures rouges. Souvent les couleurs rehaussées de blanc et principalement le vert employé si fréquemment rappellent le „Registrum sancti Angeli ad Formas" près de Capoue, conservé dans la bibliothèque du Mont-Cassin[5].

---

[1] Cum domibus miros plures, pater, accipe libros.
Rura, lacus presto; cell mihi prestitor esto.
[2] I. Pande cor, esto tenax, rogita, meditare: Quid edam?
II. Hic docetur, hic dicit, quid litterae, sillaba quid sit.
III. Casus vas frangit, fiens nutrix, hunc dolor augit.
IV. Sternitur et plorat, solidat vas, dum puer orat.
V. Obviue inquirit tegumen, dat, et in specus ivit.
VI. Hic panem tribuit, sonat, hic capit, (a)es malus icit.

Cfr. S. Gregor. Magni dialog. II, c. 1. 2. Migne, Patrolog. Lat. LXVI, 126.
[3] Stimmen aus Maria-Laach XLIII, 509 f.
[4] De arte illuminandi, colorandi aliove modo ornandi libros. Bibl. nac. Nap. XII, E, 27. Lecoy de la Marche l. c. p. 314; le même, L'art d'enluminer. Paris, Leroux, 1890.
[5] Le miniature nei codice Cassinense (Montecassino 1887 ag.), Planches.

III. Theil.

Griechische Miniaturen des Mittelalters.

Tafel IX—XVI.

—

DER Kosmas der Vaticana, nach Kondakoff „das wichtigste Buch von allen, welche die byzantinische Kunst uns bietet" [1], stammt vielleicht noch aus dem 6. Jahrhundert. Leider sind fast alle seine Bilder so verletzt, dass eine gute Photographie schwer zu erlangen war. Wie er im Kosmas der Laurentiana zu Florenz ein abgeschwächtes Gegenbild findet, so hat die Pariser Bibliothek ein dem herrlichen vaticanischen Isaias-Commentar ähnliches Buch [2]. Stilistisch steht den Bildern beider Exemplare das jüngere Psalterium nicht fern, aus dem Tafel XIII ein Bild mitgetheilt ist.

Wie überall, so nehmen auch in der Vaticana unter den illustrirten griechischen Handschriften die Evangelienbücher eine hervorragende Stellung ein. Die Bilder der Evangelisten, welche neben den Canontafeln ihre Hauptzierde ausmachen, bieten verschiedene Typen. Meistens sind sie sitzend, seltener stehend dargestellt, in beiden Fällen, im Gegensatz zu den abendländischen Handschriften, fast immer ohne Symbol. Sitzende Evangelisten ohne Gebäude im Hintergrund geben Tafel IX und X, während in Tafel XI der Hintergrund mit Gebäuden gefüllt ist. Sitzende Gestalten bieten auch andere Handschriften. In einer ist der Hintergrund golden, in einer zweiten nur bei einem Evangelisten mit Gebäuden gefüllt. Eine dritte ist beachtenswerth wegen der Farbengebung, indem Gold nur in den Nimben vorkommt. In einer vierten

III° Partie.

Miniatures grecques du moyen âge.

Planches IX—XVI.

—

LE Cosmas de la Vaticana, selon Kondakoff le livre le plus important de tous ceux que nous offre l'art byzantin [1], vient peut-être encore du VI° siècle. Presque toutes ses miniatures sont malheureusement en si mauvais état qu'il est difficile d'en obtenir une bonne photographie. Cet ouvrage trouve un pendant affaibli dans le Cosmas de la Laurentiana de Florence. De même la bibliothèque nationale de Paris possède un manuscrit semblable à l'Isaïe de la Vaticana [2]. Un psautier, dont nous offrons planche XIII une illustration, ressemble assez à ces deux manuscrits, mais il est plus récent.

Les évangéliaires occupent dans la Vaticana comme partout une place importante. Les portraits des évangélistes et les tables des canons forment leur principal ornement. Ces évangélistes offrent des types divers; le plus souvent ils sont assis, moins fréquemment debout, mais presque toujours sans les symboles, qui manquent rarement dans les représentations occidentales. On trouvera planche IX et X des évangélistes assis sans édifices à l'arrière plan, tandis qu'à la planche XI le fond est rempli de bâtiments. Il y a encore de semblables figures assises dans d'autres manuscrits. Dans l'un le fond est doré, dans un autre il est, mais seulement derrière un des évangélistes, occupé par des édifices. Un troisième est remarquable par son coloris; l'or n'est employé que dans les nimbes. Dans un quatrième tous les évangélistes sont points debout sur une

---

[1] Cod. Vat. graec. 699. Histoire de l'art byzantin (Paris 1886), p. 137 s., figures p. 142. 143. 146. 147. 149. Seroux d'Agincourt tav. xxxiv. Labarte l. c. III, 25, pl. lxxix. Rahn, Psalterium aureum p. 26. Schnaase, Geschichte der bildenden

Künste III (2. Aufl.), 239. Garrucci l. c. tav. cxlii—cliii. Tikkanen, Die Genesismosaiken (Helsingfors 1889) S. 5. Etc.

[2] Cod. Vat. graec. 755 Saec. IX. X. Seroux d'Ag. tav. xlvi. Labarte l. c. III, 51.—Bibl. nat. grec. 199. Bordier, Mss. grec. p. 114.

stehen auf einem Blatt in getrennten Rahmen die einzelnen Evangelisten, während die Gestalt Christi das gegenüberliegende Blatt füllt[1].

Reich illustrirt sind das Evangelienbuch, der Climacus, die Homilien und das Menolog, woraus Tafel XIV, XV und XVI Proben folgen. Sie zeigen, wieviel Leben und Wechsel in der byzantinischen Kunst des 11. und 12. Jahrhunderts herrschte. Aus andern Handschriften dieser Periode hat schon Seroux d'Agincourt Zeichnungen veröffentlicht[2].

Die slavischen Miniaturen eines vaticanischen Codex[3] gehen oft auf ältere byzantinische Vorbilder zurück, sind aber von einer jugendfrischen Kraft zwar in barbarischer Art, jedoch nicht ohne Geschick so umgearbeitet, dass sie ein nationales Gepräge erhielten. Lebensvolle Kampfscenen, besonders aufeinander losstürmende Reiterhaufen, werden mit Vorliebe geschildert und erregen wegen der Tracht und der Art der Kriegsführung Interesse. Der Maler verwendete Deckfarben, liebt Roth und Stahlblau für die Gewänder, die er mit weissen Strichen höht und braun conturirt. Gold hat er bei Nimben und Königsmänteln verwandt. Als Hintergrund dient ihm die weisse Farbe des Pergaments.

In einem koptischen Evangelienbuch steht Matthäus vor Christus, während Michael, Gabriel oder Maria vor je einem der drei andern sitzenden Evangelisten stehen. Die Malereien erinnern an byzantinische Vorlagen, die Ziertitel und Kopfleisten auch an arabische. In abweichender Art sind auf Blatt 20 v. das Bild Christi in der Mitte eines Kreuzes und die Brustbilder der Evangelisten in den Kreuzeswinkeln ziemlich roh in einer den irischen und longobardischen Miniaturen sich nähernden Art gebildet. Eine gleiche Miniatur bietet ein zweiter koptischer Codex[4].

seule feuille, vis à vis de la grande figure du Christ occupant une autre feuille[1].

Les planches XIV, XV et XVI offrent des échantillons de quatre manuscrits richement enluminés: un évangéliaire, un Climaque, des homélies et un ménologe. Ils prouvent que ni la vie ni la variété n'a manqué à l'art grec du XIe et XIIe siècle. Seroux d'Agincourt a publié des dessins tirés d'autres manuscrits du Vatican de cette période[2].

Les miniatures slaves d'un manuscrit du Vatican[3] reproduisent souvent des modèles byzantins anciens. Elles sont pourtant remaniées par un artiste encore dans la fougue de la jeunesse. Il reste barbare, mais il n'est pas sans adresse et donne à son ouvrage un caractère national. Il réussit dans des scènes de combat, principalement dans des escadrons de cavaliers, s'élançant les uns sur les autres. Ses images donnent des détails intéressants sur le costume et sur la manière de faire la guerre. L'artiste peint à la gouache, aime le rouge et le bleu d'acier pour les habits, qu'il rehausse avec du blanc; les contours sont bruns. L'or brille dans les nimbes et sur les manteaux des rois. La couleur du parchemin sert de fond.

Dans un manuscrit copte St. Matthieu est représenté debout devant le Seigneur, tandis que St. Michel, Gabriel ou la Ste. Vierge sont debout devant un des trois autres évangélistes assis. Ce sont des imitations de modèles byzantins, tandis que les frontispices et les ornements se rapprochent aussi des Arabes. Dans une miniature (fol. 20 v.) d'un autre style, on voit le Christ au milieu d'une croix et les bustes des évangélistes dans les angles de cette croix. Le style irlandais ou lombard s'y trahit. Un autre manuscrit contient une miniature pareille[4].

---

[1] Cod. Vat. graec. 1155. 1159. 756. 1100. Cfr. Cod. Vat. graec. Evangel. 350 Codex pulcher, litteris ornatis illustratus.

[2] Cod. Vat. graec. 469 S. Gregorii homiliae. Saec. XI. *Seroux d'Agincourt* tav. xlix n. 2. 3. 5. Cfr. Cod. Vat. graec. 463. *Kondakoff* l. c. p. 200. — Cod. Vat. graec. 666 Euthymius. Saec. XI./XII. *Seroux d'Agincourt* tav. lviii. *Labarte* l. c. III, 72 s. — Cod. Vat. graec. 1231 Catena in Iob. Saec. XIII. *Seroux d'Agincourt* tav. lx. Libri eiusdem generis in Bibl. nat. Paris. 134 et 135. *Bordier*, Manuscrits grecs de la bibliothèque nationale (Paris 1883) p. 223. 235. *Tikkanen*, Genesismosaiken S. 81 Anm. Cfr. Cod. Vat. graec. 746 Vetus Testamentum (Octateuch). Saec. XII. *Seroux d'Agincourt* tav. lxii. *Tikkanen* a. a. O. passim. — Cod. Vat. graec. 747 Vetus Testamentum (Octateuch). Saec. XI. *Tikkanen* a. a. O. passim, Tafel vi n. 44. — Cod. Vat. graec. 749. — Cod. Vat. graec. 1291 anni 814 cum imaginibus mensium. *Beissel*, Vaticanische Miniaturen.

Riegl a. a. O. S. 70 f. *Nolhac*, Gazette archéol. (1887) p. 333 s. — Cod. Vat. graec. 1603 Hero. Saec. XI. *Seroux d'Agincourt* tav. xlix n. 0. — Cod. Vat. graec. 1851 *Laudes imperatoris* Porphyrogeniti († 797) cum picturis 7 minoris notae, quarum 3 implent totam paginam. — Cod. Vat. graec. 1927 Psalterium. Saec. XII. XIII. *Tikkanen* a. a. O. S. 7. 122 Anm. 3. 134 etc. — Cod. Pal. graec. 381 Psalterium cum quattuor imaginibus Saec. XIII. *Tikkanen* a. a. O. S. 7. — *Seroux d'Agincourt*, St. Ephrem Syrus tav. xlix. n. 1 ex cod. graec. Ottob. 457 (?).

[3] Cod. Slav. 2 Constantini Manassis compendium chronicum. Saec. XIV. Cfr. Assemani Calendar. eccles. univers. V, 203 sq Scriptores byzant. Paris 1688. *Seroux d'Agincourt* tav. lxi n. 1—8. — Slav. 3 habet litteras ornatas notae minoris. Saec. XIII.

[4] Cod. Copt. 9 Evangelia. Saec. XIV. — Cod. Copt. 6 in carta papyracea.

3

IX.

Evangelia. Cod. Vatic. graec. 1522 fol. 127.

Diese schöne Handschrift des 9. oder 10. Jahrhunderts von 292 × 220 mm enthält in Kapitalschrift die Evangelien in zwei von einem goldenen Rande umgebenen Colonnen. Fol. 2 bis 4 r. einschliesslich, sowie auf dem Schlussblatt 194 ruhen je zwei Bogen auf drei Säulen, zwischen denen sich ebenfalls goldene Kapitalschrift findet. Neben den Bogenanfängen sind Thiere gemalt, im Innern der Bogen wachsende Adler oder Blumen. Fünf, leider stark abgeblätterte Miniaturen sind gut ausgeführt nach klassischen Vorbildern, die hellen Farben (bläulich, braungelb und lila) mit viel Weiss gehöht. Im Rahmen herrscht dunkle Farbe.

Fol. 1 v. Moses erhält das Gesetz.

Fol. 4 v., 93 v., 108 v. und 127 v. auf Goldgrund die Evangelisten Johannes, Lucas, Matthäus und Marcus vor Pulten auf Stühlen sitzend und schreibend, ohne Beizeichen. Der hellviolette Mantel und das hellblaue Kleid des hl. Marcus (Tafel IX) ist mit vielem Weiss gehöht. Auf seinem Arme finden sich zwei blaue Streifen. Blau sind auch sein ringförmiger Nimbus, der Stuhl, die Fussbank, der Griffel und die Inschrift[1]. Haare und Bart sind braun wie der Schnitt seines Buches; das Kissen ist rothbraun, das Pult braungelb mit weissen und blauen Verzierungen. Der vergoldete Bücherkasten hat rothbraune Streifen. Im Rahmen laufen weisse Säume wellenförmig zwischen blauen, rothen und grünen Stellen. In dieser Miniatur sind, obgleich sie die besterhaltene ist, doch durch Abfallen der Farbe viele Lücken entstanden.

Ce beau manuscrit du IX⁰ ou X⁰ siècle de 292 × 220 mm, en capitales, contient les évangiles sur deux colonnes encadrées d'une bordure dorée. Fol. 2 à 4 r. et fol. 194 (le dernier) deux arceaux reposent sur trois colonnes, entre lesquelles on trouve encore de l'écriture en capitales. A côté des commencements d'arcs, des animaux sont peints, sous les arcs des aigles naissant ou des fleurs. Cinq miniatures, très écaillées, sont bien exécutées d'après les modèles classiques. Leurs couleurs claires (bleuâtre, brun-jaune et lilas) sont fortement rehaussées de blanc; l'encadrement est foncé.

Fol. 1. Moïse reçoit la loi.

Fol. 4 v.. 93 v., 108 v. et 127 v. sur fond d'or les évangélistes Jean, Luc, Matthieu et Marc assis sur des chaises devant des pupitres et écrivant, sans symbole. Le manteau violet-clair et l'habit bleu-clair de St. Marc, planche IX, sont rehaussés de blanc. On voit sur ses bras deux bandes bleues. Aussi le nimbe en forme d'anneau, la chaise, l'escabeau, le stylet et l'inscription[1] sont bleus. Les cheveux et la barbe sont bruns comme la tranche de son livre; le coussin est rouge-brun, le pupitre brunjaune avec des ornements blancs et bleus. La caisse dorée des livres a des bandes brun-rouge. Dans l'encadrement une bande blanche ondulée se développe entre des places bleues, rouges ou vertes. Quoique cette miniature soit la mieux conservée, on y voit pourtant beaucoup de lacunes produites par l'écaillement des couleurs.

X.

Evangelia. Cod. Vatic. graec. 1158 fol. 196 v.

Nach Ausweis eines eingemalten Wappens und einer Inschrift[2] war dieser Codex Eigenthum des Papstes Innocenz VIII. († 1492). Neben jeder Canontafel tragen zwei Säulen einen Architrav und einen oben viereckig schliessenden Aufsatz. Es sind handwerksmässige Copien. Der polirte Goldgrund schimmert an vielen Stellen durch die Deckfarben der Bilder. Die Stühle, Fussbänke und Tische der Evangelisten (fol. 9. 125. 196 v. u. 320) sind in durchscheinender brauner Contur eingetragen. Ihre Nimben sind nur punktirt und eingeritzt. Symbole fehlen. Die ernsten Gestalten voll klassischer Grösse und Würde sind nichts weniger als steife byzantinische Figuren.

Des armoiries peintes et une inscription[2] prouvent que le manuscrit appartenait au Pape Innocent VIII († 1492). A côté de chaque table des canons deux colonnes portent une architrave et un ornement finissant par le haut en carré. Ce sont des copies routinières. En beaucoup d'endroits le fond d'or poli brille au travers des couleurs. Les chaises, les escabeaux et les tables des évangélistes (fol. 9. 125. 196 v. u. 320) ont des contours bruns transparents. Leurs nimbes ne sont que pointillés et éraflés. Les symboles manquent. Les figures majestueuses des évangélistes, pleines de grandeur et dignité ne ressemblent en rien aux „figures raides de Byzance".

[1] Ὁ ἅγιος Μάρκος.

[2] Innocentius Cibo Ianuensis Papa VIII.

Der hl. Lucas[1], Tafel X, c. 20 × 18 cm. Sein Rahmen hat rothe Einfassungsstriche und im blauen Grunde weisse oder hellblaue Verzierungen mit schwarzen Punkten. Das blaue Kleid und der blauviolette Mantel sind mit Weiss gehöht. Ein gelbbrauner Besatzstreifen geht über den Arm. Aehnliche Farbe haben Bart und Haar. Roth sind das Kissen, der Schnitt des von Lucas gehaltenen und der Deckel des auf dem Pult liegenden Buches. Letzteres hat einen blauen Schnitt.

Auch in einer Turiner Handschrift[2] sind hinter den stehenden Evangelisten die Gebäude nur mit einem scharfen Griffel in Grund eingezeichnet, bevor das Gold dort aufgesetzt ward.

St. Luc[1], planche X (c. 20 × 18 cm). L'encadrement bleu a une bordure rouge et des ornements blaues ou bleu-clair avec des points noirs. La tunique bleue et le manteau bleu-violet sont rehaussés de blanc. Une bordure jaune-brun entoure le bras. La barbe et les cheveux sont aussi jaune-brun. Sont rouges: le coussin, la tranche du livre que tient St. Luc, et la couverture du livre placé sur le pupitre. La tranche de ce livre est bleue.

Comme dans ce manuscrit, on trouve dans un évangéliaire de Turin[2] les édifices derrière les évangélistes dessinés seulement à la pointe, avant que le fond fut doré.

XI.

Evangelia.   Cod. Vatic. graec. 1229 fol. 213.

Das Buch war Eigenthum des Papstes Paul IV. († 1559), dessen Wappen man Fol. 10 findet. Der purpurrothe Untergrund der vier Miniaturen ist rings um die Evangelisten vergoldet. In jeder dieser Miniaturen steigen 3—6 farbenreiche Gebäude neben dem Evangelisten auf, der vor einem braunen Tische auf einem braunen Sessel sitzt. Die hellen Gewänder sind stark mit Weiss gehöht, die Zeichnung ist gut, aber überladen mit Einzelnheiten. Canontafeln und Symbole fehlen.

„Der hl. Johannes der Theologe"[3] sitzt Tafel XI (21 × 17 cm) mit weissen Haaren, grauem Mantel und blauem Kleide auf einem schwarzen Stuhl unter einem hell-purpurrothen Baldachin. Der rothe Vorhang unter dem Gewölbe hat weisse Verzierungen und einen grünen Saum. Seine Träger sind gelb und braun, die Häuser und Thürme hellbraun oder roth oder violett, die Dächer und der Himmel blau[4].

Le manuscrit provient de la bibliothèque du Pape Paul IV, car ses armoiries se trouvent au fol. 10. Le fond des quatre miniatures est de pourpre et couvert d'or autour des évangélistes. Dans chacune de ces miniatures trois à six édifices s'élèvent à droite et à gauche de l'évangéliste, assis sur un siège brun devant une table brune. Les habits clairs sont rehaussés de blanc. Le dessin est bon, mais surchargé de détails. Des tables de canons et des symboles manquent.

„St. Jean, le théologien"[3], planche XI (21 × 17 cm), aux cheveux blancs, avec un manteau gris et une tunique bleue est assis sur un siège noir sous un baldaquin de pourpre clair. Le voile rouge sous la voûte est orné de blanc, bordé de vert et supporté par des montants jaunes et bruns. Les maisons et les tours sont brun-clair, rouges ou violettes, les toits et le ciel bleus[4].

XII.

Actus et epistolae apostolorum etc.   Cod. Vatic. graec. 1208 fol. 6 r.

Auf Blatt 2, 3 und 7 steht, wie in dem unter X behandelten Codex das Wappen des Papstes Innocenz VIII. Das 274 × 192 mm grosse Buch ist im 10. oder 11. Jahrhundert in Gold geschrieben. Die drei Miniaturen (195 × 135 mm) haben geglätteten mit Braun oder Purpur untermalten Goldgrund.

Die erste zeigt die hll. Lucas und Jacobus, die zweite Petrus und Johannes, die dritte Judas und Paulus, deren

Les armoiries du Pape Innocent VIII se trouvent aux feuilles 2, 3 et 7 de ce manuscrit comme dans celui dont nous avons parlé No. X. Le livre (274 × 192 mm) a été écrit en lettres d'or au X° ou XI° siècle. Ses trois miniatures (195 × 135 mm) ont un fond d'or poli sur du brun ou du pourpre.

La première miniature montre St. Luc et St. Jacques, la seconde Pierre et Jean, la troisième Judas et Paul,

---

[1] Ό α(γιος) Λουκᾶς.

[2] Bibl. naz. Torin. B, VII, 33. In 4°. Saec. XIII. (?)

[3] Ό ἅ(γιος) Ἰω(άννης) ὁ θεολό(γος).

[4] Cfr. Seroux d'Agincourt tav. LXXXI n. 1.

Schriften, Apostelgeschichte und Briefe, folgen. Ihre Figuren stehen ohne Boden im Goldgrund. Der 1. und 6. hat einen violetten Mantel, der 2. ein solches Kleid, der 3. einen hellbraunen Mantel, der 4. und 5. einen grauen. Die Farben wollen also nicht naturgetreu, sondern nur malerisch wirken. Sie steigen vom tiefsten Schatten bis zum hellsten Weiss auf. Die Falten erinnern an feine byzantinische Elfenbeinschnitzereien. Die Köpfe sind lebendig, individuell, voll Wechsel und Leben. Edler Naturalismus paart sich mit strenger Stilisirung. „Der hl. Petrus" (Tafel XII) hält eine Rolle, „der hl. Johannes der Theologe" ein Buch, worin der Anfang seines ersten Briefes steht[1].

Die Miniaturen gleichen den Evangelistenbildern des im Jahre 964 ausgemalten Codex der Pariser Nationalbibliothek und denjenigen eines Evangelienbuches der Vaticana[2].

dont les oeuvres: les actes et les épîtres suivent. Toutes ces figures sont dessinées sur le fond, sans reposer sur le sol. Le 1° et 6° a un manteau violet, le 2° une tunique de même, le 3° un manteau clair-brun, le 4° et 5° un manteau gris. Dans le choix de ses couleurs le peintre n'a pas voulu imiter la nature, mais produire un effet pittoresque. Ses couleurs vont de la nuance la plus foncée jusqu'au blanc le plus clair. Les plis rappellent ceux des bas-reliefs byzantins du même temps. Les têtes sont très vives, pleines d'individualité, de vie et de mouvement. Le naturel et la noblesse se joint à un style sévère. Voyez pl. XII St. Pierre et St. Jean[1].

Les miniatures ressemblent aux évangélistes d'un manuscrit de Paris, peint en 964, et à ceux d'un autre évangéliaire du Vatican[2].

XIII.

Biblia. Cod. Vatic. Reg. graec. 1 fol. 263.

Dieser grosse Foliant von 410 × 275 mm aus dem 11. Jahrhundert enthält das Alte Testament. Seine 18 blattgrossen, lebendig gezeichneten Bilder haben reiche Hintergründe mit Bäumen und Gebäuden. Der Maler geht nicht ins Kleinliche und verwendet viel Weiss zur Höhung der Gesichter und Gewänder. Er hat vielleicht ein vortreffliches altes Original verworthet, aber manche Einzelheiten (z. B. auf Blatt 450 die Beine und Füsse des Antiochus und Tafel XIII die Finger Samuels) verzeichnet. Die Bilder geben folgende Gegenstände: Auf dem Vorstehenblatte sind in einem Kreuz in Kreisen die Titel der Bücher des Alten Testamentes genannt. In den Ecken des Kreuzes sieht man oben: zur Rechten einen Kaiser, zur Linken einen ihm verehrenden Mann, unten: rechts einen zu ihm aufschauenden Mann, links ist das Bild verschwunden. Die Rückseite des Vorstehenbildes zeigt in drei Reihen die fast ganz zerstörte Schöpfungsgeschichte.

Fol. 2 und Fol. 3 v. Ein mit Steinen besetztes Kreuz unter einem von zwei Säulen getragenen Rundbogen[3].

Fol. 2 v. Grosses Bild Marias in violettem Gewande. Zu ihren Füssen kniet in violettem Obergewande der Patrizier und Schatzmeister Leo, um ihr diese Bibel zu widmen.

Fol. 3. Grosses Bild des hl. Nikolaus. Zu seinen Füssen knien der Bruder jenes Leo, in einen grauen Mantel, und Konstantin, der erste Schwertträger des Kaisers, in Purpur gekleidet.

Ce grand volume in-folio de 410 × 275 mm, du XI° siècle contient l'Ancien Testament. Ses 18 miniatures, couvrant toute une feuille et dessinées avec verve, ont des fonds riches, pleins d'arbres et d'édifices. Le peintre n'est pas minutieux dans son dessin; il emploie beaucoup de blanc pour rehausser les visages et les vêtements. Il s'est peut-être servi d'un bon modèle; mais beaucoup de détails (p. e. fol. 450 les jambes et les pieds d'Antiochus et planche XIII les doigts de Samuel) sont incorrects. Les miniatures donnent les sujets suivants:

Au frontispice les titres des livres de l'Ancien Testament sont inscrits dans des cercles, placés dans une croix. On voit dans les angles de cette croix en haut: à droite un empereur, à gauche un homme qui lui rend hommage; en bas: à droite un homme qui lève ses regards vers lui; à gauche la figure est effacée.

Le verso contient en trois tableaux l'histoire de la création presque entièrement effacée.

Fol. 2 et 3 v. Une croix gemmée sous un arc reposant sur deux colonnes.

Fol. 2 v. Grande image de la Vierge. Le patricien Léon, trésorier, vêtu de pourpre, est agenouillé aux pieds de Marie, pour lui offrir ce livre.

Fol. 3. Grande peinture de St. Nicolas. A ses pieds se trouvent le frère de Léon, portant un manteau gris, et Constantin, le premier porte-glaive de l'empereur, vêtu de pourpre.

---

[1] Ὁ ἅγιος Πέτρος. — Ὁ ἅγιος Ἰω(άννης) ὁ θεολόγ(ος). — Ὅ ἦν ἀπ' ἀρχῆς, ὃ ἀκηκόαμεν, ὃ ἐωράκα(μεν).

[2] Bibl. nat. 70. Lubarte 1. c. pl. LXXXIV. Louandre, Les arts somptuaires I, quatre planches. Seroux d'Agincourt tav. XLVII n. 8 etc. — Cod. Vatic. graec. 756 fol. 11 v.

[3] Cfr. Garrucci 1. c. tav. CCCXXXVI. CCCXLIV. CCCLIV. CCCLXXXVII. CCCXC. CCCXCII etc. Gleiche Kreuze z. B. im Gregor. Naz. der Bibliothèque nationale zu Paris 510 fol. 3. 4. Cfr. Bordier, Description des peintures des manuscrits grecs (Paris 1883) p. 66.

Fol. 46 v. In der obersten Reihe zieht Moses vor dem brennenden Dornbusch seine Schuhe aus; in der mittlern sieht man Moses mit Aaron vor Pharao, und Moses mit dem Volke am Rothen Meere; in der untersten ertrinkt Pharao mit seinem Heere. Er hat hier, wie in der Mitte, einen grünen Nimbus. Eine nackte Figur, laut der Inschrift „das Meer", zieht ihn ins Wasser. Die gleiche Scene bietet ein Psalter der Pariser National-bibliothek und ein Altes Testament der Vaticana [1].

Fol. 85 v. Moses und Aaron begleiten die von sechs Männern getragene Arche. Aaron hat in der Rechten eine Büchse, in der Linken ein Rauchfass, wie im Kosmas der Vaticana [2].

Fol. 116. Oben stehen Moses und Josue neben der Bundeslade, unten in sechs Reihen je zwei Stämme Israels.

Fol. 175 v. Moses, in weissem Kleide und mit Goldnimbus, löst oben in der Ecke seine Schuhe. In der Mitte steigt er zum Berge hinan, um die Gesetzestafeln von der Hand Gottes zu erhalten. Unten das Volk in zwei Abtheilungen.

Fol. 206. Oben stehen vor einem Theile des Volkes vier Männer mit grünen Nimben und verwischten Beischriften, unten in einem Halbkreise die zwölf Fürsten der Stämme Israels [3]. Diese Aeltesten erinnern sehr an jene zwölf Männer, welche in der Vivianbibel vor Karl dem Kahlen erscheinen [4].

Fol. 263. Samuel salbt den David zum König, Tafel XIII, 410 × 275 mm. Durch Beischriften sind gekennzeichnet „die sechs Brüder des Königs David" [5], in der Ecke zur Rechten „Jesse" [6], „das Oelhorn" [7], womit Samuel den David salbte, der neben dem Propheten auf dessen Trittbrett stehende „Oelkrug" [8] und „David" [9]. Die Ueberschrift sagt: „Samuel, der Prophet, den David auserwählend und zum König salbend mit dem Oelhorn" [10], die Umschrift: „Klein ist er wahrlich an Wuchs, nicht an Geist. Als Preis trägt David die Zehntausend davon. Den Saul übertrifft er in den Tausenden. Der eine nämlich (trägt) sie (die Zehntausend) davon zur Vorbedeutung des steigenden Glanzes seines Stammes. Einen König, den Gesalbten, verkündet er als Gott vorher; der andere aber hat die Vorbedeutung jener (Tausend) verachtet." [11] Hinter David erscheint die Personifikation Israels.

Fol. 281 v. Oben in der linken Ecke des Bildes sehen David und Bethsabee je aus einem Fenster ihres Palastes heraus nach einer Volksschar und nach sechs Männern, welche einen Schild emporheben, worauf Nathan und Salomon stehen. Der durch einen grünen Nimbus ausgezeichnete Prophet krönt den jugendlichen Prinzen,

Fol. 46 v. Au premier plan Moïse ôte ses souliers devant le buisson ardent, au second on voit Moïse et Aaron devant Pharaon, Moïse avec le peuple près de la Mer Rouge; au troisième, Pharaon se noie avec son armée. Ici comme au milieu il porte un nimbe vert. Un personnage nu, selon l'inscription „la mer", le tire dans l'eau. La même scène se rencontre dans un psautier de la bibliothèque nationale de Paris et dans un Vieux Testament du Vatican [1].

Fol. 85 v. Moïse et Aaron accompagnent l'arche, portée par six hommes. Aaron tient dans sa main droite une boite, dans sa gauche un encensoir comme dans le Cosmas du Vatican [2].

Fol. 116. En haut Moïse et Aaron se trouvent devant l'arche, en bas dans six compartiments les douze tribus d'Israël.

Fol. 175 v. Moïse, vêtu de blanc avec un nimbe doré, délie en haut dans un coin ses souliers. Au milieu il gravit la montagne, pour recevoir les tables des mains divines. En bas le peuple en deux groupes.

Fol. 206. En haut quatre hommes aux nimbes verts devant une partie du peuple, en bas les douze princes des tribus rangés dans un demi cercle [2]. Ces princes ressemblent beaucoup aux douze hommes placés devant Charles le Chauve dans la célèbre bible de Vivien [3].

Fol. 263. Samuel consacre David roi d'Israël, planche XIII, 410 × 275 mm. Des inscriptions désignent: „Les six frères du roi David" [5], „Jessé" [6] dans le coin à droite, „la corne d'huile" [7], avec laquelle Samuel verse l'huile sainte, „le vase d'huile" [8] posé près du prophète sur un escabeau et „David" [9]. L'inscription du haut dit: „Samuel, le prophète, élisant David et l'oignant avec la corne d'huile" [10], l'inscription dans l'encadrement : „Il est en vérité petit de taille, mais non d'esprit. David rapporte comme butin dix mille; il surpasse Saul en milliers. L'un les a (les dix mille) comme type de la gloire croissante de sa famille. Il présage un roi, l'oint, comme Dieu: l'autre a méprisé ce présage de mille." [11] La personnification d'Israël se montre derrière David.

Fol. 281 v. En haut, dans le coin de gauche David et Bethsabée regardent de la fenêtre du palais le peuple assemblé et six hommes élevant un bouclier, sur lequel se trouvent Nathan et Salomon. Le prophète, orné d'un nimbe vert, couronne le jeune prince, portant un nimbe

[1] Psalterium, Bibl. nat 139 fol. 419. Cfr. Bordier l. c. p. 77. 113. — Cod. Vatic. graec. 746. Seroux d'Agincourt tav. LXII n. 4.

[2] Cod. Vatic. graec. 699. Garrucci l. c. tav. CXLVI.

[3] πρεσβύτερων.

[4] Bibl. nat. Paris. lat. I. Cfr. Bastard l. c.; Louandre l. c.; Janitschek, Geschichte der deutschen Malerei S. 40 u. s. w.

[5] Οἱ ἀδελφοὶ τοῦ βασιλέως Δαυίδ. ζ. 1 Par. 2, 13 sq.

[6] Ἰεσσαί.   [7] Τὸ κέρας τοῦ ἐλαίου.

[8] Ἡ στάμνος τοῦ κέρατος.   [9] Ὁ Δα(υὶ)δ.

[10] Σαμουὴλ ὁ προφήτης ἐκλεγόμενος τὸν Δαυὶδ καὶ χρίων (?) αὐτὸν εἰς βασιλέα μετὰ τοῦ κέρατος τοῦ ἐλαίου.

[11] Ὁ μικρὸς ὄντως τὴν φύσιν, οὐ τοῖς τρόποις : στέφον, φορεῖται Δαυὶδ τὰς μυριάδας · ἐπεὶ Σαούλ, παρῆλθεν ἐν χιλιάσιν · · Ὁ μὲν γὰρ εἰς αὔξησιν αὐτὰς τοῦ γένους · ἄνακτα Χριστὸν ὡς θεὸν προετύπωνεν. Ὁ δὲ ξένως παρῆκε τόνδε [τοῦνδε] τοὺς τύπους.

welcher einen goldenen Nimbus trägt. Das Bild ist bei Seroux d'Agincourt zur Vergleichung mit einem ähnlichen aus der ruthenischen Chronik des Vaticana gegeben. Montfaucon bietet weitere Parallelen [1].

Fol. 302 v. Oben steht Elias vor Achab; unten reicht er von einem mit vier rothen Pferden bespannten Wagen dem Elisäus seinen Mantel. Achab und Elisäus haben einen grünen, Elias hat einen goldenen Nimbus.

Fol. 383. Judith enthauptet den Holophernes.

Fol. 450 v. Vor Antiochus stehen Eleazar, die Mutter und deren sieben Söhne. Der Nimbus des Königs ist wiederum grün, jener der andern golden.

Fol. 461. Hinter Job, welcher nackt auf der Erde sitzt, sieht man sein Weib, vor ihm die drei Freunde und viel Volk.

Fol. 487. Grosse stehende Figur Davids mit einem geöffneten Buch.

doré. Cette miniature est publiée par Seroux d'Agincourt et comparée à une autre, tirée de la chronique rhutène du Vatican. Montfaucon donne d'autres semblables [1].

Fol. 302 v. En haut, Élie devant Achab; en bas, d'un char attelé de quatre chevaux il laisse tomber son manteau vers Élisée. Achab et Élisée ont un nimbe vert, celui d'Élie est d'or.

Fol. 383. Judith coupe la tête d'Holoferne.

Fol. 450 v. Eléazar, la mère et ses sept fils avec des nimbes dorés devant Antiochus, dont le nimbe est vert.

Fol. 461. Job sans vêtements assis par terre, entouré de sa femme, de ses trois amis et du peuple.

Fol. 487. Grande figure de David avec un livre ouvert.

XIV.

A. Evangelia.   Cod. Vatic. Urbin. graec. 2 fol. 168 v.

B. Climacus.   Cod. Vatic. graec. 394 fol. 93.

XIV, A. Griechisches Evangelienbuch in klein Quart, von 185 × 135 mm, für den Kaiser Johann Komnenus († 1148) geschrieben [2]. Einleitung und Canontafeln haben reiche Umrahmung. Jene der Canontafeln ruht auf zwei Säulen, endet oben viereckig, gleicht den Ornamenten des Cod. Vatic. graec. 1162, ist aber weniger fein ausgeführt. Der vergoldete Grund trägt blaue Blumen, welche mit Weiss und etwas Roth, Grün oder Schwarz verziert sind. Der Rand ist roth und weiss [3]. Die Handschrift hat 9 blattgrosse, reiche Bilder.

Fol. 19 v. Oben thront Christus zwischen den beiden als Kaiserinnen gekleideten Gestalten: Milde und Gerechtigkeit, die ihm ins Ohr reden. Der Herr breitet seine Hände aus und berührt mit der Rechten die Krone des Kaisers Johannes, mit der Linken jene des Prinzen Alexius [4]. Beide Herrscher haben runde Nimben. Ihre Kleider sind steif und sackartig, jene der allegorischen Figuren besser. Christi blauer Mantel ist stark mit Weiss gehöht. Das Bild erinnert an Cod. Vat. graec. 666.

Fol. 20 v. Reiches Bild der Kindheitsgeschichte Christi [5].

Fol. 21. Der Evangelist Matthäus als Greis auf Goldgrund [6].

Fol. 109 v. Die Taufe Christi [7].

XIV, A. Évangéliaire grec, petit in-4° de 185 × 135 mm, écrit pour l'empereur Jean Comnène († 1143) [2]. L'introduction et les tables des canons ont de riches encadrements. Ceux des canons sont soutenus par deux colonnes, finissent en haut en carré et ressemblent aux ornements du Cod. Vatic. graec. 1162. Ils sont pourtant moins bien exécutés. Le fond doré porte des fleurs bleues, ornées de blanc et d'un peu de rouge, vert ou noir. Le bord est rouge et blanc [3]. Le manuscrit a 9 miniatures de la grandeur d'une feuille et bien exécutées.

Fol. 19 v. En haut le Christ siège entre deux figures habillées en impératrices: la clémence et la justice, qui lui parlent à l'oreille. Il étend ses mains et touche de la droite la couronne de l'empereur Jean, de la gauche celle du prince Alexis [4]. Ces princes ont des nimbes arrondis. Leurs vêtements lourds sont comme des sacs, ceux des personnages allégoriques sont plus élégants. Le manteau bleu du Christ est rehaussé de blanc. L'image rappelle le Cod. Vat. graec. 666.

Fol. 20 v. Riche miniature représentant l'enfance du Seigneur [5].

Fol. 21. L'évangéliste Matthieu en vieillard sur un fond doré [6].

Fol. 109 v. Le baptême du Christ [7].

---

[1] *Seroux d'Agincourt* tav. LXI. *Montfaucon*, Monumenta de la monarchie française.

[2] *Laborte* l. c. III, 73 s.

[3] Cfr. *Laborte*, Album p. LXXXII.

[4] *Seroux d'Agincourt* tav. LIX n. 1.

[5] *Seroux d'Agincourt* tav. LIX n. 3. Cfr. *Garrucci* l. c. tav. LXXXIV n. 2.

[6] *Seroux d'Agincourt* tav. LIX n. 2.

[7] *Seroux d'Agincourt* tav. LIX n. 4. *Strzygowski*, Ikonographie der Taufe Christi, Tafel IV n. 1.

Fol. 110. Der Evangelist Marcus [1].

Fol. 167 v. Tafel XIV, A, 130 × 95 mm. „Die Geburt des Vorläufers" [2] in drei Gruppen, die um Elisabeth, Zacharias und Johannes gestellt sind.

Roth sind: Das Kleid der ersten und der Mantel der dritten Frau in der Ecke oben rechts, — in der Mitte das Kleid der ersten Dienerin, der Mantel des Zacharias, das Kleid des zweiten in der Ecke vor ihm stehenden Mannes, — unten der Ueberzug der Wiege, das Kleid der bei der Badewanne sitzenden Dienerin und das Feuer.

Blau: Die Dächer, das Kleid der ersten Frau neben Maria, — in der Mitte das Halstuch der ersten Dienerin, die Kleider der Dienerin, welche den Wedel hält, des Zacharias und des vor ihm stehenden ersten Mannes, — unten die Kleider der beiden ersten Dienerinnen sowie der Dreifuss. Roth und Blau herrschen überhaupt in allen Bildern dieser Handschrift vor; doch ist Blau mehr mit Weiss gehöht als Roth.

Grün: Unten der Boden, — der Hintergrund bei Zacharias und die Linien des Hauses hinter Elisabeth. Ihr Mantel ist, wie der Vorhang unten hinter den Dienerinnen, dunkelgrün schattirt.

Weiss: Die Tücher auf dem Bett der Elisabeth, auf der Wiege und in den Händen der zweiten Dienerin unten sowie der ersten Frau oben, endlich die Schrifttafel des Zacharias. Die Betttücher haben blaue und rothe Streifen. Weisses Haar hat nur Zacharias, alle andern haben braunes.

Vergoldet sind: Der Hintergrund, die Nimben, der Saum des Vorhanges und die Badewanne. Die Vergoldung findet sich nicht unter den Farben, denn wo letztere absprangen, sieht man das weisse Pergament. Da der Maler eine perspectivische Zeichnung nicht zu liefern vermochte, stellte er das hinter dem Vorhang gedachte Bett auf denselben.

Fol. 168. Der Evangelist Lucas [3].

Fol. 260. Christus in der Vorhölle [4]. Oben erscheinen Engel in einem Kreisabschnitt blau in blau. In der Mitte führt der Erlöser die Altväter aus der Vorhölle. Unter den Füssen des Herrn ist der Fürst der Unterwelt grau in schwarz auf die beiden in Form eines Andreaskreuzes gelegten Thürflügel hingestürzt. Neben ihm sieht man zerbrochene Schlüssel. Ein ähnliches, aber reicher durchgeführtes Bild findet sich in einer andern Handschrift des Vaticans [5]. Auffallenderweise lautet die Inschrift dieser Bilder: „Die Auferstehung." [6]

Wie aus der Beschreibung erhellt, verband man auf acht paarweise sich gegenüberstehenden Blättern Matthäus mit der Kindheitsgeschichte des Erlösers, Marcus mit der Taufe Christi, Lucas mit der Geburt des Vorläufers und Johannes mit der „Auferstehung". Wichtig ist zum Verständniss der letztgenannten Miniatur ein Codex der Marcus-Bibliothek zu Venedig [7]. Dort ist im

Fol. 110. L'évangéliste Marc [1].

Fol. 167 v. Planche XIV, A, 130 × 95 mm. „La nativité du précurseur" [2] en trois groupes, dont Elisabeth, Zacharie et Jean forment les centres.

De couleur rouge: La robe de la première femme et le manteau de la troisième en haut dans le coin à droite, — au milieu la robe de la première servante, le manteau de Zacharie, l'habit du second personnage debout devant lui dans le coin, — en bas la couverture du berceau, la robe de la servante assise près de la baignoire et le feu.

De couleur bleue: Les toits, la robe de la première femme près de Marie, — au milieu le fichu de la première servante, les habits de la servante, qui tient l'éventail, ceux de Zacharie et du premier personnage devant lui, — en bas les robes des deux premières servantes et le trépied. Le rouge et le bleu dominent dans toutes les miniatures de ce manuscrit. Le bleu est plus rehaussé de blanc que le rouge.

Sont verts: En bas le sol — le fond derrière Zacharie et les lignes de la maison derrière Elisabeth. Son manteau est ombré de vert foncé comme le rideau en bas, derrière les servantes.

Sont blancs: Les linges du lit d'Elisabeth et du berceau, ceux que tiennent la seconde servante en bas et la première femme en haut, et la table à écrire de Zacharie. Les draps du lit sont rayés de bleu et de rouge. Seuls les cheveux de Zacharie sont blancs, ceux des autres sont bruns.

Sont dorés: Le fond, les nimbes, la bordure du rideau et la baignoire. Il n'y a pas de dorure sous les couleurs, qui laissent voir le parchemin blanc, quand elles s'écaillent. Le peintre n'était guère fort en perspective. Il place le lit, qui se trouve derrière le rideau, sur le rideau même.

Fol. 168. L'évangéliste Luc [3].

Fol. 260. Le Christ dans les limbes [4]. En haut des anges peints en bleu dans un segment de cercle. Au milieu le Sauveur délivre les justes des limbes. Le prince de l'enfer se tord sous les pieds du Sauveur sur les deux portes dont l'une est placée sur l'autre en forme de croix de St-André. On voit près de lui les clefs cassées. Une peinture semblable, mais mieux exécutée, se trouve dans un autre manuscrit du Vatican [5], une mosaïque semblable dans St-Marc à Venise. L'inscription donne à ces peintures le nom de „la résurrection" [6].

Notre description prouve que dans ces huit miniatures on a joint: à St. Matthieu l'enfance du Seigneur, à St. Marc le baptême du Christ, à St. Luc la nativité du précurseur et à St. Jean „la résurrection". Pour comprendre le sens de cette dernière miniature, il faut recourir à un manuscrit de la bibliothèque de St-Marc à Venise [7]. On y voit dans le demi-cercle au-dessus de

---

[1] Seroux d'Agincourt tav. LIX n. 2.
[2] Ἡ γέννησις τοῦ προδρόμου. Seroux d'Agincourt tav. LIX n. 5.
[3] Seroux d'Agincourt tav. LIX n. 2.
[4] Seroux d'Agincourt tav. LIX n. 6.

[5] Cod. Vatic. graec. 1162 fol. 48.
[6] Ἡ ἀνάστασις.
[7] Cod. graec. classis I, Cod. VIII ZZ, 5; Zanetti adscribit codicem Saec. IX., sed est recentior.

Halbkreise über Matthäus die Geburt Christi und die Erscheinung der Engel bei den Hirten, über Marcus die Taufe des Erlösers, über Lucas die Verkündigung, über Johannes aber die „Auferstehung" geschildert. Christus steht auf zwei Grabsteinen (oder auf den Pforten der Hölle) und reicht seine Rechte einem Greise (Adam?), der sich mit einer andern Person (Eva?) aus einem Grabe erhebt. Zur Linken stehen in einem andern Grabe drei durch Nimben ausgezeichnete Gerechte (Johannes der Täufer, David und Melchisedech). Die Befreiung aus der Vorhölle gilt also als „Auferstehung", weil viele Gerechten um Ostern aus den Gräbern hervortraten. Die deutschen Miniaturisten des 10. und 11. Jahrhunderts hatten schon bessere Verbindungen gefunden und z. B. den Adler des Johannes zur Auferstehung in Parallele gesetzt [1].

Fol. 261. Der hl. Johannes, aber nicht wie die drei andern Evangelisten allein, sondern vor einem bärtigen Manne ohne Nimbus, der zu einem den Himmel darstellenden Viertelkreise hinaufschaut, woraus die Hand Gottes im Redegestus heraustritt. Der Mann wendet seine Rechte im Redegestus zum Evangelisten, tritt also auf wie sein Vermittler bei Gott [2].

Analogien zu dieser bei dem Evangelisten stehenden Figur finden sich in ältern lateinischen Handschriften [3]. In dem oben genannten griechischen Codex von Venedig steht unter dem Bilde der „Auferstehung" in einer bergigen Landschaft Johannes. Er schaut zu einem vom Himmel herabkommenden Strahl hinauf und dictirt seine Offenbarungen; vor ihm sitzt ein schreibender Jüngling.

XIV, B. In der Paradiesesleiter des

Johannes Climacus (24 × 17 cm) illustriren viele kleine Miniaturen den Text. Sie sind ausserordentlich fein ausgeführt, lebendig, voll Wechsel, und stehen theils auf Goldgrund, theils auf dem weissen Pergament [4]. Die kleinen Köpfchen sind vortrefflich modellirt. Aehnliche Meisterwerke griechischer Kleinmalerei des 11. Jahrhunderts sind nicht selten [5].

Die Miniatur der Tafel XIV, B, 14 cm breit, mit zwei Zeilen Text 11 cm hoch, steht bei der „19. Stufe" [6] der Paradiesesleiter. Der Titel der ersten Colonne lautet: „Ueber den Schlaf und das Gebet beim Psalmensingen" [7]; der Anfang der zweiten Colonne [8] redet vom „Fasten, wovon der geschwächte Körper durch Schlaf sich dann (zu erholen) sucht". In der rechten, auf Goldgrund gemalten Hälfte der Miniatur sitzt der Verfasser als Lehrer

St. Matthieu la nativité du Seigneur et l'apparition des anges aux bergers, au-dessus de St. Marc le baptême, au-dessus de St. Luc l'annonciation et au-dessus de St. Jean „la résurrection". Le Christ s'y trouve sur deux pierres tumulaires (ou sur les portes de l'enfer) et donne sa main droite à un vieillard (Adam?), qui sort avec un autre personnage (Ève?) d'un tombeau. A gauche trois personnes, ornées de nimbes (Jean Baptiste, David et Melchisédech), sont debout dans une autre tombe. La délivrance de l'enfer tient donc lieu de la résurrection, parce que beaucoup de justes sortirent à Pâques du tombeau avec le Seigneur. Les miniaturistes allemands du X° et XI° siècle avaient déjà trouvé de meilleures liaisons en mettant p. e. l'aigle de St. Jean près de la résurrection du Seigneur [1].

Fol. 261. St. Jean non pas seul, comme les autres évangélistes, mais devant un homme barbu, sans nimbe; celui-ci regarde un quart de cercle, qui signifie le ciel, et d'où sort la main de Dieu avec le geste d'une personne qui parle. Il élève sa main avec le même geste vers l'évangéliste. C'est donc son médiateur auprès de Dieu [2].

Des peintures analogues se trouvent dans plusieurs anciens manuscrits latins [3]. Dans le manuscrit cité de Venise, St. Jean est debout dans un paysage montagneux; il regarde un rayon qui descend du ciel, et dicte ses révélations à un jeune homme assis et écrivant.

XIV, B. Dans „l'échelle du paradis" de

Jean Climaque (24 × 17 cm) beaucoup de petites miniatures illustrent le texte. Elles sont d'une finesse extraordinaire, pleines de vie et de variété, et se trouvent sur un fond doré ou sur le parchemin blanc [4]. Les têtes malgré leur petitesse sont modelées parfaitement. De semblables chefs-d'œuvre de la miniature byzantine du XI° siècle ne sont pas rares [5].

La miniature de la planche XIV, B se trouve près du „19° degré" [6] de l'échelle du paradis. Le titre de la première colonne est: „Du sommeil et de l'oraison pendant le chant des psaumes" [7]; le commencement de la seconde colonne parle du „jeûne dont le corps fatigué (cherche à se remettre) par le sommeil" [8]. Dans la moitié de la miniature peinte à droite sur fond d'or, l'auteur est assis dans une chaire de maître devant quatre moines.

---

[1] Beissel, Das hl. Bernward Evangelienbuch im Dome zu Hildesheim S. 13. 23.

[2] Seroux d'Agincourt tav. LIX n. 2.

[3] Lindisfarne Gospel, Cotton D, IV et Gospel of Copenhagen. Westwood, Facsimiles of miniatures and ornaments of Anglo Saxon and Irish manuscripts p. 33. 117: pl. XIII. XLI. Cfr. supra pag. 17 Cod. Copt.

[4] Labarte l. e. III, 68. Seroux d'Agincourt tav. LII. Paleographical Society pl. CLV. Tikkanen l. c. S. 10.

[5] Cod. Vatic. graec. 1166. — Cod. Florent. Laurentian. Plut. VI, n. 23. Cfr. Bandini, Cod. Graec. I, 163. Labarte l. e. III, 68 s. — Cod. Bibl. nat. Paris. 74. Labarte l. e. III, 66. — Cod. Bibl. Parmens. Pal. Graec. 5 Evangelia. Saec. X./XI. n.

[6] Λόγος 19.

[7] Περὶ ὕπνου καὶ προσευχῆς ἐν ψαλμωδίαις.

[8] νηστείας· ἐξ ἧς ἐξασθενοῦσα ἡ σὰρξ δι' ὕπνου λοιπόν. Migne, Patrol. grace. LXXXVIII. col. 937.

auf einem Thron vor vier Mönchen. Zur Seite besiegt die Personification des Gebetes den Schlaf[1]. In der andern Hälfte stossen die Laster des Ehrgeizes und des Stolzes[2] einen Mönch von der Himmelsleiter; Schlaf, Zorn und ein anderes Laster helfen ihnen. Ein nackter schwarzer Mann sitzt unten in einer dunklen Höhle, ein zweiter vor derselben.

A côté la prière personnifiée frappe le sommeil[1]. Dans l'autre moitié, les vices de l'ambition et de l'orgueil[2] renversent un moine de l'échelle du ciel: le sommeil, la colère et un autre vice les aident. Un homme noir, sans vêtements, est assis en bas dans une grotte obscure, un autre devant cette grotte.

XV.

Homiliae.   Cod. Vatic. graec. 1162.

Der Verfasser dieser Marienpredigten (328 × 223 mm) lebte Ende des 11. Jahrhunderts. Eine zweite Ausgabe seiner in der Vaticana aufbewahrten Reden besitzt die Pariser Nationalbibliothek[3]. Ihre Bilder sind weniger fest in der Zeichnung, weniger fein in der Malerei und stimmen im einzelnen nicht so sehr mit dem vaticanischen Exemplar überein, wie Seroux d'Agincourt behauptet. In den Miniaturen des vaticanischen Exemplares herrscht Blau stark vor, die Lichter sind in weisser Farbe aufgesetzt, die Gesichter durch Schattirung stark modellirt, aber ohne Individualität. Wohl sind die aus Regensburg und Bamberg in die Münchener Bibliothek gekommenen Miniaturen, sowie jene, welche der sog. Reichenauer Schule nahestehen[4], diesen griechischen ähnlich in der Technik, der Charakter ist aber ein anderer. Die byzantinischen sind kleinlicher, ängstlicher ausgeführt und entbehren des frischen Voranstrebens jener deutschen.

Fol. 2. Grosses Bild der Himmelfahrt Christi im Rahmen einer Kirche mit fünf Kuppeln[5].

Fol. 3. 23. 55. 83. 111 und 134 herrliche Verzierungen in grossen Vierecken[6].

Fol. 6. Maria zwischen Engeln und fünf Gruppen von Heiligen (Bischöfen und Priestern, Mönchen, Fürsten, Martyrern, Jungfrauen und Wittwen) thronend. Tafel XV.

Fol. 22 v. Die Jakobsleiter[7].

Fol. 35. Die Geschichte der Stammeltern bis zur Vertreibung aus dem Paradiese[8].

Fol. 36 v. Geschichte Kains und Abels[9].

Fol. 48 v. Christus in der Vorhölle und das Gebet der Altväter zu Maria in drei Reihen[10].

L'auteur de ces sermons en l'honneur de la Ste. Vierge a vécu vers la fin du XI* siècle. Une autre édition illustrée de son livre se trouve à la bibliothèque nationale de Paris[3]. Mais ses miniatures sont d'un dessin moins ferme et d'un coloris moins fin que celles de la Vaticana. Les deux manuscrits ne sont pas aussi semblables que l'a prétendu Seroux d'Agincourt. Dans les miniatures de la Vaticana le bleu domine, les rehauts ont beaucoup de blanc, et les visages sont fortement mis en relief, mais le caractère personnel leur manque. Il est vrai que les miniatures, transportées de Ratisbonne et de Bamberg à Munich, et celles qui s'approchent de l'école de Reichenau[4], ressemblent assez à ces peintures grecques, mais seulement pour le procédé technique et non pour le caractère. Les ouvrages de Byzance sont plus minutieux, plus timides; on n'y voit pas la tendance vers le progrès qui domine dans l'école allemande.

Fol. 2. Grande ascension du Seigneur, encadrée dans une église à cinq coupoles[5].

Fol. 3. 23. 55. 83. 111 et 134 des ornements magnifiques dans de grands carrés[6].

Fol. 6. La Ste. Vierge assise entre des anges et cinq groupes de saints (évêques et prêtres, moines, princes, martyrs, vierges et veuves). Planche XV.

Fol. 22 v. L'échelle de Jacob[7].

Fol. 35. L'histoire des premiers parents jusqu'à leur expulsion du paradis[8].

Fol. 36 v. L'histoire de Caïn et d'Abel[9].

Fol. 48 v. En trois scènes le Christ aux limbes et les justes, priant Marie[10].

---

[1] Ἡ προσευχή.

[2] Ἡ ὑπερηφανία. Ἡ κενοδοξία. Cfr. Gradus XXII, Migne, P. G. LXXXVIII, col. 954, n. 281.

[3] Bibl. nationale, Mss. grec. n. 1206. Saec. XI. Iacobi monachi ex monasterio Coccinobaphi orationes encomiasticae in SS. Virginem Deiparam. Migne l. c. CXXVII, col. 543 s. Seroux d'Agincourt tav. L. LI. Labarte l. c. III, 63; Album pl. LXXXVII. Bordier, Manuscrits grecs p. 147 s.

[4] Vgl. Tafel XIV, A. XVI. XVIII.

Boissel, Vaticanische Miniaturen.

[5] Seroux d'Agincourt tav. LI n. 1. Cod. Paris. fol. 3. Bordier l. c. p. 148.

[6] Labarte, Album pl. LXXXVII. Seroux d'Agincourt tav. L n. 2. LI n. 2. Bordier l. c. p. 157 fol. 63 v.

[7] Cod. Paris. fol. 29 v. Bordier l. c. p. 158.

[8] Cod. Paris. fol. 47 r. Bordier l. c. p. 153.

[9] Seroux d'Agincourt tav. L n. 3 b. Cod. Paris. fol. 49 v. Bordier l. c. p. 155.

[10] Cod. Paris. fol. 66 v. Bordier l. c. p. 157 s.

4

Fol. 54 v. Moses am Dornbusch und zweimal vor dem Engel Gottes [1].

Fol. 82 v. Sechzig Engel wachen am Bett des als Christus dargestellten Salomon [2].

Ein ähnliches Bild fol. 115 v.

Es folgen verschiedene Darstellungen der Verkündigung. Engel erscheinen, den Apokryphen entsprechend, vor Maria theils am Brunnen [3], theils im Hause [4]. Wie der Text in griechischer Weitschweifigkeit im Anschluss an die Apokryphen die Geschichte der Gottesmutter ausspinnt, so freut sich der Miniator, die verschiedenen Scenen auszumalen. Ein Eingehen auf dieselben ist um so weniger nöthig, als Bordier die Bilder der Pariser Handschrift ausführlich beschreibt. Der Unterschied zwischen dem Pariser und dem Vaticanischen Codex ist durch das Gesagte hinlänglich dargethan. Erwähnt sei nur noch, dass der hl. Joseph als Charakteristicum eine Säge trägt [5].

Fol. 54 v. Moïse devant le buisson ardent et deux fois devant l'ange [1].

Fol. 82 v. Soixante anges entourent le lit de Salomon, peint sous la figure du Christ [2]. Une peinture semblable fol. 115 v.

Suivent différentes représentations de l'Annonciation. L'ange apparaît, conformément aux apocryphes, devant la Ste. Vierge au puits [3] ou dans la maison [4]. Comme le texte avec l'abondance grecque s'étend sur la vie de Marie en racontant toutes les historiettes des apocryphes, le miniaturiste ne se lasse pas de peindre des scènes analogues. Il est d'autant moins nécessaire d'en parler ici que Bordier a décrit au long les miniatures du livre de Paris. La différence entre ce manuscrit et celui de la Vaticana se voit assez par ce que nous en avons déjà dit. Notons seulement que St. Joseph porte comme caractéristique une scie [5].

XVI.

Menologium. Cod. Vatic. graec. 1613 fol. 271 v. 272.

Die 430 Miniaturen der 365 × 285 mm grossen, für Kaiser Basilius II. († 1025) geschriebenen Geschichte der Heiligen sind 1727 in Kupferstichen herausgegeben worden. Seroux d'Agincourt hat mehrere durchgezeichnet, und die Vaticanische Bibliothek liess 1888 in ihrer Ehrengabe zum Jubiläum des Papstes eine chromolithographiren [6]. Wir bieten hier zwei gute Phototypien, wodurch eine volle Beurtheilung ermöglicht wird. Bei jeder Miniatur steht der Name eines Malers: Georg, Mena, Michael Blachernita, Michael Mikros, Nestor Pantaleon, Simeon und Simeon Blachernita. Ob die beiden letzten Namen zwei Personen bezeichnen, bleibt unsicher. Alle sieben oder acht Miniatoren haben so einheitlich gearbeitet, dass ein bedeutender Unterschied in ihren Werken nicht hervortritt.

Tafel XVI, A. Fol. 271 v. 122 × 178 mm. Geburt Christi, wie alle fast gleich grossen Miniaturen dieser Handschrift, auf Goldgrund. Hinter dem in vier Farben (hell- und dunkelbraun, grau und dunkellila) gemalten Berg tauchen drei Engel auf. Gleich dem hl. Joseph tragen

Les 430 miniatures qui illustrent l'histoire des saints (365 × 285 mm), écrite pour l'empereur Basile II († 1025), ont été publiées en gravures en 1727. Seroux d'Agincourt en a calqué plusieurs, et la bibliothèque du Vatican fit publier une en chromolithographie, dans l'ouvrage présenté au pape en 1888 [6]. Nous donnons ici deux bonnes phototypies pour en faciliter l'appréciation. Chaque miniature porte le nom d'un peintre: Georges, Mena, Michel Blachernite, Michel Micros, Nestor Pantaléon, Siméon et Siméon Blachernite. On ne saurait dire si les derniers noms signifient deux personnes. Ces sept ou huit miniaturistes ont travaillé d'une manière si uniforme qu'on ne trouve pas dans leurs ouvrages de grandes différences.

Planche XVI, A. Fol. 271 v. 122 × 178 mm. La Nativité du Seigneur, comme toutes les miniatures de ce manuscrit, sur fond d'or. Trois anges s'élèvent derrière la montagne, peinte en quatre couleurs (brunclair et foncé, gris et lilas-foncé). Ils portent comme

---

[1] Cod. Paris. fol. 74 r. Bordier l. c. p. 159.

[2] Cod. Paris. fol. 109 v. Bordier l. c. p. 160 et figure 74 p. 140. Labitte, Les manuscrits (Paris 1893) p. 116.

[3] Fol. 117 v. Seroux d'Agincourt tav. L n. 3 d. Cod. Paris. fol. 159 v. Bordier l. c. p. 165.

[4] Fol. 118. 122. 124. 126. 127. 130 v. Seroux d'Agincourt tav. L n. 3 c et f. Bordier l. c. p. 165 s.

[5] Fol. 105 r. 105 v. 164 v. etc. Cod. Paris. fol. 142 r. 217 v. Bordier l. c. p. 164 s.

[6] Menologium Graecorum iussu Basilii imperatoris graece olim editum, munificentia et liberalitate sanctissimi Domini nostri Benedicti XIII. In tres partes divisum nunc primum graece et latine prodit studio et opere Annibalis tit. S. Clementis presbyteri Card. Albani. Urbini 1727 sq. Seroux d'Agincourt tav. xxxi—xxxiii. cui n. l. civ n. l. 13. Labarte l. c. III, 59. Al sommo Pontefice Leone XIII omaggio giubilare della biblioteca Vaticana (Roma, Tipografia poliglotta della S. C. di propaganda fide, 1888) tav. l. Stryzygowski, Taufe, Tafel II n. 11. Lacroix, Vie militaire p. 269.

sie blaue mit Weiss gehöhte Kleider und bräunliche bis röthliche Mäntel. Ihre oben dunkeln, unten hellen Flügel sind wie Marias blaues Kleid mit Gold gehöht. Die Windeln des Kindes sind weissblau. Die Mauer der Krippe ist hellroth, ihr Hintergrund schwarz. Die Badewanne und der Krug sind dunkelgelb und mit Gold verziert. Der Ochs ist braun, der Esel grau, der Mantel des Hirten schwarz, seine Schuhe sind hellgrau. Der Kreisabschnitt oben ist blauweiss, der Reif des goldenen Nimbus bei Maria und Joseph weiss, bei den Engeln roth; den Rand bildet ein breiter Goldstreifen mit rother Einfassung.

Tafel XVI, B. Fol. 272. Maria sitzt wiederum in einer Höhle, obwohl das Evangelium sagt, die Könige seien in ein „Haus" [1] eingetreten. Ein mit einem Stabe versehener Engel zeigt ihnen den Weg, der Stern fehlt. Der erste König, ein Greis, will eben hinknien. Der zweite ist ein kräftiger Mann mit braunem Bart, der dritte ein bartloser Jüngling. Der älteste hat rothe Beinkleider mit blauen Streifen und goldenen Verzierungen, ein grüngraues Kleid und, wie Maria und der junge König, einen blauen Mantel mit vielen goldenen Strichen. Der Mantel des zweiten ist heller blau. Der dritte hat ein rothes Kleid mit dunkeln Schatten, goldene Stiefel und Beinkleider, die fast so schwarz sind wie die Schuhe des ersten. Das Kleid des göttlichen Kindes ist, wie der hohe Berg, hellbraun, aber durch goldene Striche verziert. Solche Striche wollen wohl den Glanz der Seide nachahmen und finden sich in der mittelalterlichen Kunst der Griechen und Italiener fast nur in der Kleidung der vornehmsten Personen. Das grauschwarze, mit Weiss gehöhte Kleid des Engels hat ebenfalls solche goldene Striche; der weisse Mantel ist hellgrau schattirt. Der kleine Berg ist lilafarbig, die Höhle schwarz, der Felsen, auf dem Maria sitzt, hellgelb, jener, auf den sie die Füsse setzt, grauweiss, der Boden grün, der Hintergrund oben golden. Der Rand hat zwischen einem rothen und blauen Strich ein goldenes Band.

Ein ähnliches Bild der drei Könige hat in Monte Cassino bei Ausstattung eines Codex gedient; denn die Tracht ist dieselbe, der Berg ist hinter den Königen beibehalten, und der Engel fehlt nicht. Freilich hat dort der Zeichner vieles anders behandelt; er lässt z. B. Maria vor einem Hause thronen [1].

Weitaus die grösste Zahl der Bilder des Menologiums zeigt Scenen aus den Heiligenlegenden, die der unten stehende Text für die einzelnen Tage des Kirchenjahres gibt. Die zahlreichen Bilder der Martyrer sind mit vielem Wechsel behandelt. Die Zeichner halten immer Mass und fallen nie ins Genrehafte. Weil sie meist Gebäude, Trachten und Einrichtungsgegenstände ihrer Zeit malen, bieten sie vielen culturhistorisch wichtigen Stoff.

---

[1] Matth. 2, 11: οἰκία, domus.

St. Joseph des habits bleus, rehaussés de blanc et des manteaux d'un brun-rouge. Leurs ailes foncées en haut, claires en bas sont rehaussées d'or comme la robe bleue de la Ste. Vierge. Les langes de l'enfant sont bleu-clair. Le mur de la crèche est rouge, le fond noir. La baignoire et la cruche sont jaune-foncé, orné d'or. Le boeuf est brun, l'âne gris, le manteau du berger noir, ses souliers sont gris-clair. Le segment de cercle en haut est bleu-clair; l'entourage du nimbe doré est blanc chez Marie et Joseph, rouge chez les anges.

Planche XVI, B. Fol. 272. Marie est assise encore dans une grotte, quoique l'évangile dise que les rois sont entrés dans une „maison" [1]. Un ange, portant un bâton, leur montre le chemin, il n'y a pas d'étoile. Le premier roi, un vieillard, veut se mettre à genoux, le second est un homme vigoureux à la barbe brune, le troisième un jeune homme imberbe. Le roi le plus âgé a des chaussures rouges, ornées de bleu et d'or, une tunique vertgris et comme Marie et le jeune roi un manteau bleu avec beaucoup de traits dorés. Le manteau du second roi est d'un bleu plus clair, le troisième a un habit rouge aux ombres obscures, des bottes dorées et des chausses presqu'aussi noires que les souliers du premier. L'habit de l'enfant divin est brun-clair, comme la haute montagne, mais orné de traits dorés. De tels traits imitent le lustre de la soie et ne sont employés au moyen âge dans les ouvrages des Byzantins et des Italiens que dans les vêtements des personnes les plus distinguées. L'habit noir-gris de l'ange, rehaussé de blanc, a aussi de ces traits d'or, son manteau blanc est ombré de gris-clair. La petite montagne est lilas, la grotte noire, le rocher, sur lequel est assise la Ste. Vierge, jaune-clair, celui qui lui sert d'escabeau, gris-blanc, la terre verte, le fond du haut doré. L'encadrement a une bande dorée entre des traits rouges et bleus.

Une image semblable des rois a servi au Mont-Cassin pour la miniature d'un manuscrit; car le costume y est le même, on y trouve la montagne au fond ainsi que l'ange. Mais le miniaturiste a changé beaucoup de détails; il place p. e. la Ste. Vierge devant une maison [2].

La plupart des miniatures du ménologe contiennent des scènes, tirées de l'histoire des saints, racontée au bas de la page pour chaque jour de l'année. Les représentations fréquentes des martyrs sont traitées avec une grande variété. Les dessinateurs gardent toujours la mesure et ne tombent jamais dans un genre trivial. Puisqu'ils donnent les édifices, les costumes et les meubles de leur temps, ils nous offrent beaucoup de renseignements utiles pour l'histoire de la civilisation byzantine.

---

[2] Cod. n. 99, 206. Saec. XI. Cfr. Le miniature nei codici Cassinensi.

IV. Theil.

Abendländische Miniaturen des 11.—14. Jahrhunderts.

Tafel XVII—XXIII.

A N die Spitze der aus der zweiten Hälfte des Mittelalters stammenden lateinischen Codices ist die grosse Bibel zu Farfa zu stellen (Tafel XVII). Ihr verwandt, aber besser ausgeführt, ist Donizos Buch über die Thaten der Gräfin Mathilde[1]. Aus andern italienischen Büchern derselben Zeit hat Seroux d'Agincourt Proben gegeben[2]. Englisch ist ein von irischen Einflüssen freies Psalmenbuch, dessen Conturmalereien zuweilen leichte Farbentöne haben; spanisch ein etwa ein Jahrhundert später mit Bildern verzierter Codex[3].

Im Gegensatz zu den frischen, kühnen und volksthümlichen Miniaturen der Bibel aus Farfa darf ein aus Süddeutschland stammendes Evangeliar mit dem Bilde Heinrichs des Heiligen als Vertreters der Hofkunst gelten (Tafel XVIII). Nahe steht ihm ein etwas älterer Codex, der auf Purpurgrund David und seine vier gesangeskundigen Genossen vor der von zwei Engeln bewachten Bundeslade zeigt[4]. Aus Deutschland stammt auch ein späteres, mit vielen Bildern versehenes Psalmenbuch[5], sowie die Schrift des Abtes von Schäftlarn an Friedrich II. über dessen Kreuzzug (Tafel XIX, B).

Dagegen ist des Kaisers reich illustrirtes Werk über die Falkenjagd wiederum von italienischen

IVe Partie.

Miniatures du XIe au XIVe siècle en Occident.

Planches XVII—XXIII.

L A grande bible de Farfa mérite d'être mise en tête des miniatures latines de la seconde moitié du moyen âge (planche XVII). Le livre de Donizo sur l'histoire de la comtesse Mathilde[1] est semblable à cette Bible, mais mieux exécuté. Seroux d'Agincourt a donné des épreuves d'autres manuscrits italiens de la Vaticana, qui sont du même temps[2]. Un Psautier où l'on ne trouve pas l'influence irlandaise et dont les contours sont quelquefois légèrement colorés, est anglais; un manuscrit enluminé, plus récent d'environ un siècle, est espagnol[3].

Tandis que les dessins de la bible de Farfa sont vivants, hardis et populaires, on retrouve l'art de la cour impériale dans un évangéliaire, provenant du Sud de l'Allemagne et orné du portrait de St. Henri II (planche XVIII). Un manuscrit semblable, mais un peu plus ancien, montre sur champ de pourpre David avec ses quatre compagnons musiciens devant l'arche, gardée par deux anges[4]. De l'Allemagne proviennent en outre un psautier plus récent, orné de beaucoup de miniatures[5], et l'ouvrage de l'abbé de Schäftlarn adressé à Frédéric II pour l'engager à prendre la croix (planche XIX, B).

Le livre de Frédéric II sur l'art de la faucon-

---

[1] Cod. Vat. 4922 *Donizo*, De gestis Mathildis. Saec. XII in. *Seroux d'Agincourt* tav. LXVI. Mon. Germ. XII, 348 sq. cum tribus tabulis. Eine Copie in der Bibliothek zu Lucca n. 2508; cfr. Mon. Germ. l. c. p. 349 n. 2. *Locroix*, Vie militaire p. 281.

[2] Cod. Vat. lat. 1274. *Seroux d'Agincourt* tav. LXVII n. 2 et Description des planches p. 105. Office de St. André, Saec. X. XI. — Pal. lat. 927 Miscellanea Saec. XII. *Seroux d'Agincourt* tav. LXVII n. 4. Archiv XII, 345. — Cfr. Pal. lat. 48 Evangelia Saec. XII cum picturis.

[3] Cod. Vat. Reg. 12 Saec. XI./XII. Liber coenobii Iostrensis S. Edmundi in Anglia in agro Suffolciensi. Archiv XII, 266. — Ottob. lat. 3058 Saec. XIII. Archiv XII, 372.

[4] Cod. Vat. Pal. 39. Im Kalender: Willbrordus, Cunibertus episcopus, Briccius episcopus, Othmar confessor, Columban abbas, Landelinus confessor etc. Ausserdem die Notiz: Hic (Bernardus) dedit S. Michaheli curtem, quam habuit in Hondscuh. Fol. 43 Verso aus dem Bamberger Psalterium quadruplex.

[5] Cod. Pal. lat. 26 Saec. XII.

Meistern ausgemalt (Tafel XX, A und B). Der Unterschied zwischen der Kunst und Lebensauffassung des 13. und 16. Jahrhunderts tritt klar hervor, wenn man dies Buch mit einem angeblich von Raphael mit den feinsten und saubersten Thierbildern illustrirten vergleicht[1].

Aus Frankreich besitzt die Vaticana eine Anzahl populärer, mit gotischen Miniaturen versehener Bücher über geschichtliche Stoffe[2], eine schöne illustrirte Bibelerklärung (Tafel XXIII, B) und einige Breviere mit guten Bildern[3].

Unter den italienischen Brevieren, Missalen und Bibeln des 13. und 14. Jahrhunderts[4] dürften das Neue Testament aus Verona (Tafel XIX, A und XX, C) und eine grosse Bibel (Tafel XXII), unter den vielen illustrirten Rechtsbüchern[5] jenes, aus dem Tafel XXI eine Probe geboten ist, die interessantesten sein.

nerie a été enluminé par des Italiens (planche XX, A et B). La différence entre l'art du XIII° et XVI° siècle paraît d'une manière frappante, si l'on compare ce livre avec un autre, dont les peintures fines et élégantes d'animaux ont été attribuées faussement à Raphaël[1].

A la France la Vaticana doit plusieurs livres populaires d'histoire enrichis de miniatures gothiques[2], un commentaire de la bible richement illustré (planche XXIII, B), et quelques bréviaires avec de bonnes miniatures[3].

Signalons entre les bréviaires, missels et bibles italiennes du XIII° et XIV° siècle le Nouveau Testament de Vérone (planche XIX, A et XX, C) et une grande bible (planche XXII); entre les nombreux livres de droit, celui dont la planche XXI donne une demi-page.

XVII.

Biblia monasterii Farfensis. Cod. Vatic. lat. 5729 fol. 6 v et 352.

In diesem grossen Folianten (550 × 377 mm) sind vor den wichtigern Büchern des Alten Testamentes mehr oder weniger Seiten mit reihenweise geordneten Scenen gefüllt. Vor den Evangelien stehen Canontafeln und sieben Seiten mit 95 Illustrationen. Die Bilder sind Conturzeichnungen und entweder ohne Farbe geblieben oder mit Grün, Blau, Roth, Violett, Gelb und Fleischfarbe gefüllt, die Farben haben im letztern Falle bald Schattirung, bald entbehren sie derselben. Manche sind nach Art der bereits oben besprochenen[6] bunt schattirt. Die interessanten Bilder zu den Evangelien sind

Dans ce grand in-folio (550 × 377 mm), les livres les plus importants de l'Ancien Testament sont précédés de pages plus ou moins remplies de scènes nombreuses, rangées en plusieurs compartiments. On trouve avant les évangiles les tables des canons et sept pages remplies de 95 illustrations, dessinées au trait dont les unes sont restées sans couleurs, tandis que les autres sont peintes en vert, bleu, rouge, violet, jaune et couleur de chair. Parmi celles qu'on a coloriées, il en est qui sont ombrées et d'autres qui ne le sont pas. Quelques-unes sont ombrées dans le bariolage décrit plus haut. Les

---

[1] Cod. Vat. Urb. lat. 276 De animalium natura. Liber editus a P. Candidio 1460.

[2] Cod. Vat. lat. 3839 et 3840 Figuralis historiae abbreviatio. Saec. XIII. „Yvoni de Cluniaco abbati" dedicatus. — Vat. Urb. lat. 375 Poema gallicum. Seroux d'Agincourt tav. LXXI n. 1—3. — Vat. lat. 5895 Chronicon gallice scriptum. Saec. XIII. XIV. Seroux d'Agincourt tav. LXVIII n. 1. — Vat. lat. 3209 Poema gallicum de Alexandro. Seroux d'Agincourt tav. LXXI n. 5. Cfr. Vat. Reg. 1505 Troiani belli historia gallicis versibus descripta. — Urb. 376 Romance de la rose. — Reg. 927 Galliarum reginae mors. — Reg. 367 et 403 Le miroir des dames.

[3] Cod. Vat. lat. 4757 Breviarium. Saec. XIII. XIV. — Vat. lat. 4758 Breviarium Franciscan. Saec. XIV. Etc.

[4] Cod. Vat. lat. 7385 Missale. Saec. XIII. XIV. — Vat. lat. 4743 Missale Franciscan. Saec. XIV. — Cfr. Pal. lat. 502—504 Missalia. Saec. XIV. — Vat. lat. 17 Biblia. Saec. XIV. cum multis figuris.

[5] Cod. Vat. lat. 1389 Decretales. Saec. XIV. Seroux d'Agincourt tav. LXXV n. 1. 2. — Vat. lat. 2634 Io. Andreae in speculum. Saec. XIV. XV. — Pal. lat. 631 et 635 Decretales. Saec. XIV. — Pal. lat. 632 et 634 Decretales. Saec. XIV. XV. — Pal. lat. 636 Liber sextus. Saec. XIV. — Cfr. Decretum cum glossa Vat. lat. 1366. 1368. 1370. 2491 sq. — Pal. lat. 623 (Saec. XIV). 624 sq. (Saec. XIII). 626 (Saec. XIV). Decretales Vat. lat. 1585. 1587. 6054. — Pal. lat. 628. 630 (Saec. XIII). 633 (Saec. XIV). Liber sextus Vat. lat. 1303 sq. 5929. 6055. Clementinae Vat. lat. 1401. 1403. 2505. Digestum Vat. lat. 1409. 1425. 2513. Institutiones Vat. lat. 1436. Commentatores librorum iuris Vat. lat. 1447. 1450. 1456. 2297. 2398. 2521 sq. 2533 sq. 2537 sq. 2564. 2593. 2598. Vat. lat. 2630 Io. de Lignano tractatus theol. Saec. XIV. Seroux d'Agincourt tav. LXXV n. 4—7. Labarte l. c. III, 213.

[6] VI, B S. 12; VII S. 13; VIII S. 15.

leider so verdorben, dass sie kaum eine erträgliche Phototypie liefern würden. Darum ist in halber Grösse je ein Theil der Illustrationen zum ersten Buch Moses und zum zweiten Buch der Makkabäer hier geboten. XVII, A zeigt theils reine Conturmalerei, theils unschattirte Colorirung. Die Farben sind ungleichmässig in die Zeichnung eingetragen; die Gesichter haben rothe Flecken. In XVII, B herrscht ein anderes System. Da hat z. B. die sitzende Mutter ein gelbes Kleid mit rothen, grünen und schwarzen Strichen. Der blaue Mantel des Königs hat einen rothen Saum, sowie rothe, weisse und schwarze Striche. In ähnlicher Art sind die andern Figuren bunt behandelt.

Jedenfalls haben verschiedenartige ältere Bücher den Illustratoren als Leitfaden gedient. Bei den Bildern zum Neuen Testament dürften bei manchen Scenen griechische Vorbilder eingewirkt haben.

Die Handschrift stammt aus dem 11. Jahrhundert. In ihrem Perikopenverzeichniss finden sich 25 Sonntage nach Pfingsten und 4 vor Weihnachten. Es beginnt noch mit der ersten Weihnachtsmesse, hat schon das Fest Allerheiligen, jedoch noch ohne Vigil. Für den Octavtag von Weihnachten, den 1. Januar, ist (wie im ältern Evangelienbuche von Hildesheim, im alten Essener Calendar, im Calendar Frontos und im Comes von Lucca) „das Fest der hl. Maria" statt des Festes der hl. Martina vermerkt [1].

Aehnliche Miniaturen bietet das Registrum von Farfa [2] und der goldene Psalter von St. Gallen [3]; ähnliche Zeichnung haben der Teppich der Königin Mathilde [4] und die Basreliefs des Deckels des Codex aureus zu München.

Die Illustrationen zu den Evangelien sind ikonographisch so wichtig, dass deren Aufzählung hier folgen möge. Die römischen Ziffern bezeichnen je eine Bilderreihe, die arabischen je eine Scene. Unter der letzten Canontafel befinden sich in einer Reihe drei Miniaturen:

A. *Geschichte der Kindheit.* 1. Der Engel der Verkündigung steht vor Maria. 2. Elisabeth und Maria umarmen sich; rechts und links steht je eine Magd, von denen eine einen Vorhang aufhebt. 3. Dem schlafenden Joseph erscheint ein Engel.

Fol. 366. I. 4. Maria ruht auf einem Polster. Neben ihr steht eine Frau, zu der ein Engel redet. Bei der Krippe sieht man die beiden Thiere, den Stern und zwei Engel. 5. Dreien in einem Hause befindlichen Hirten erscheinen Engel.

[1] Die supra scripto (octab. Dni) natale Sancte Marie. Vgl. *Beissel*, Des hl. Bernward von Hildesheim Evangelienbuch im Dome zu Hildesheim (Hildesheim, Lax, 1891) S. 52. 55.

[2] Il regesto di Farfa. Liber Gemniagraphus sive clero-

miniatures intéressantes, placées avant les évangiles, sont malheureusement si gâtées, qu'il n'y a pas moyen d'en obtenir une bonne phototypie. La planche XVII offre donc en demi-grandeur une partie d'une page enluminée du Iᵉ livre de Moïse et une du IIᵉ livre des Macchabées. La planche XVII, A montre des figures au trait ou coloriées sans indication d'ombres. Les couleurs y ont été ajoutées sans ordre; les visages ont des taches rouges. Un autre système domine dans XVII, B. La mère assise y a p. e. une tunique jaune avec des traits rouges, verts et noirs; le roi porte un manteau bleu avec une bordure rouge et des traits rouges, blancs et noirs. Les autres figures sont peintes d'une manière analogue.

Divers livres plus anciens ont sans doute servi aux miniaturistes comme modèles. Même des peintures grecques ont probablement exercé quelque influence sur plusieurs scènes du Nouveau Testament.

Le manuscrit est du XIᵉ siècle. Sa liste des évangiles de l'année ecclésiastique (Comes) compte 25 dimanches après la Pentecôte et 4 avant Noël; elle commence encore avec la première messe de Noël et a déjà la fête de la Toussaint, mais sans vigile. Pour l'octave de Noël, le 1ᵉ janvier, une fête de Ste. Marie est indiquée au lieu de celle de Ste. Martine. On trouve la même fête pour ce jour dans l'évangéliaire le plus ancien de Hildesheim, dans l'ancien calendrier d'Essen, dans celui de Fronton et dans le Comes de Lucques [1].

Le „Registrum Farfense" [2] et le psautier d'or de St. Gall [3] ont des miniatures du même style; des dessins semblables se trouvent dans les tapisseries de la reine Mathilde [4] et dans les bas-reliefs de la couverture du „codex aureus" à Munich.

Les illustrations des évangiles sont si importantes pour l'iconographie que nous en ferons l'énumération. Les chiffres romains indiqueront les rangs, les chiffres latins les scènes. Trois miniatures se trouvent dans une ligne sous la dernière table des Canons:

A. *L'histoire de l'enfance.* 1. L'ange de l'Annonciation debout devant la Ste. Vierge. 2. Elisabeth et Marie s'embrassant; à gauche et à droite une servante, dont une soulève un rideau. 3. Un ange apparaît à St. Joseph qui dort.

Fol. 366. I. 4. La Ste. Vierge repose sur un matelas. A côté un ange parle à une femme. On voit les animaux, l'étoile et deux anges autour de la crèche. 5. Des anges apparaissent dans une maison à trois bergers.

nomialis ecclesiae Farfensis. Biblioteca della Società romana di storia patria II (Roma 1878), tav. I. II.

[3] *Rahn*, Das Psalterium aureum von St. Gallen, Tafel VIII f.

[4] Le livre d'or des métiers. Histoire de la Charpenterie par *Paul Lacroix* etc. Paris 1851. *Seroux d'Agincourt* tav. CLXVII.

II. 6. Das Bad des Kindes. 7. Die Opferung im Tempel. 8. Ein Engel redet wiederum zum schlafenden Joseph.

III. 9. Die drei Könige stehen ohne Kronen vor Herodes. Zwei sind bärtig; alle haben kurze Röcke. 10. Die Könige vor Maria. 11. Die Fluelt nach Aegypten. Maria sitzt mit dem Kinde auf dem Esel, welchen Joseph führt. Vor letzterem geht ein Knecht mit einem Kruge.

IV. 12. Die Ermordung der Kinder. 13. Ein Engel redet zum drittenmal zu Joseph.

V. 14. Heimkehr aus Aegypten. Dargestellt wie Nr. 11, doch kniet vorn noch ein Mann, der Gepäck auf den Schultern zu tragen scheint.

B. *Das öffentliche Leben.* 15. Die Taufe Christi. Ausser Johannes, Christus, der Taube, einem die Kleider des Herrn tragenden Engel und einer Engelschar sicht man noch einen Mann mit einem Nimbus, der die Hände erhebt. Ist es Johannes, der Zeugniss ablegt von der Taufe (Joh. 1, 32) oder vielleicht ein Apostel? In einem freilich viel späteren Codex von Neapel kniet Petrus mit einem andern Apostel am Ufer, während Johannes den Herrn tauft. In zwei weitern Miniaturen tauft Petrus den Vorläufer und dieser den Petrus und den Andreas [1].

VI. 16. Berufung von vier Jüngern. 17. Berufung von vier andern Jüngern; einer der Berufenen sitzt in der Ecke unter einem Baume (Joh. 1, 48).

VII. 18. Jesus steht mit Maria vor sechs Krügen, worein ein Diener Wasser giesst. 19. Der Speisemeister verkostet den Wein. 20. Der Wein wird den Gästen gereicht, während Jesus mit erhobener Rechten nebeu dem Tische steht.

Fol. 367. I. 21—23. Die Versuchungen Christi. 24. Christus throut zwischen Engeln, einer reicht ihm Speise.

II. 25. Zwei Schiffe; in einem befinden sich zwei, im andern drei Männer. Jesus steht mit drei Jüngern am Ufer und ruft diese Männer. Aehnliche Scenen bietet die Hildesheimer Säule [2]. 26. Die Bergpredigt. 27. Die Heilung eines Blinden oder Aussätzigen.

III. 27. Streitreden des Herrn mit den Pharisäern. 28. Auferweckung des Jünglings von Naim.

IV. 29. Jesus reinigt den Tempel. 30. Jesus beruft den Matthäus, der seine Waage vor sich haltend auf einer Bank sitzt. Eine ähnliche Scene im Codex Egberti [3]. 31. Erweckung der Tochter des Jairus.

V. 32. Zwei Männer (Blinde?) knieen vor Christus. 33. Fünf vom Teufel Besessene befinden sich vor dem Herrn; die Schweine gehen ins Meer. 34. Das Weib berührt des Heilandes Kleid, während eine Schar Männer die Hand gegen ihn erhebt (Matth. 9, 20 f.).

VI. 35—38. Geschichte des Vorläufers. 35. Seine Enthauptung. 36. Die Tochter tanzt vor Herodes, welcher mit seinen Gästen bei Tische sitzt; 37. sie reicht das Haupt der Mutter. 38. Das Begräbniss.

[1] Vita del glorioso meser santo Giovanni Baptista. Bibl. Neap. Saec. XV. In 4⁰. Fol. 67—69.

II. 6. Le bain de l'enfant. 7. La présentation. 8. Un autre ange parlant à St. Joseph endormi.

III. 9. Les trois rois sans couronnes devant Hérode. Deux out des barbes, tous des tuniques courtes. 10. Les rois devant la mère de Dieu. 11. La fuite en Egypte. La Ste. Vierge, portant l'enfant, est assise sur l'âne conduit par St. Joseph. Un serviteur marche devant lui avec une cruche.

IV. 12. Le massacre des Innocents. 13. Un ange parle pour la troisième fois à Joseph.

V. 14. Le retour d'Egypte, dessiné comme au n. 11, mais on y voit encore un homme agenouillé, qui semble porter des bagages sur ses épaules.

B. *La vie publique.* 15. Le baptême du Christ. On y remarque le précurseur, le Sauveur, la colombe, un ange, portant les vêtements de Jésus, un groupe d'anges et un homme nimbé, élevant ses mains. Ce dernier serait-il Jean, rendant témoignage du baptême (Is. 1, 32), ou peut-être un apôtre? Dans un manuscrit plus récent de Naples St. Pierre et un autre apôtre sont agenouillés au bord du Jourdain, tandis que Jean baptise le Sauveur. Dans deux autres miniatures Pierre baptise le précurseur et celui-ci Pierre et André [1].

VI. 16. La vocation de quatre apôtres. 17. La vocation de quatre autres disciples; un d'eux est assis sous un arbre dans un coin (Jo. 1, 48).

VII. 18. Jésus et Marie devant six amphores, dans lesquelles un serviteur verse de l'eau. 19. Le sommelier goûte le vin. 20. Le vin est servi aux hôtes: le Sauveur, élevant sa main droite, est debout près de la table.

Fol. 367. I. 21—23. Les tentations du Christ. 24. Le Christ sur un trône entre des anges, dont l'un lui offre des aliments.

II. 25. Deux navires; dans l'un deux hommes, dans l'autre trois. Jésus, debout sur le rivage avec trois disciples, les appelle. La colonne de Hildesheim donne des scènes analogues [2]. 26. Le sermon sur la montagne. 27. La guérison d'un aveugle ou d'un lépreux.

III. 27. Le Sauveur dispute avec les pharisiens. 28. La résurrection du jeune homme de Naïm.

IV. 29. Jésus chasse les vendeurs du temple. 30. Il appelle St. Matthieu, qui tient sa balance et est assis sur un banc. Une scène analogue dans le Codex Egberti [3]. 31. La résurrection de la fille de Jaïre.

V. 32. Deux hommes (aveugles?) agenouillés devant Jésus. 33. Cinq hommes, possédés du démon, devant le Christ. Les porcs se précipitent dans la mer. 34. La femme touche la robe du Sauveur, tandis que plusieurs hommes élèvent la main vers le Christ (Matth. 9. 20).

VI. 35—38. L'histoire du précurseur. 35. Sa décollation. 36. La fille d'Hérodiade danse devant Hérode, assis à table avec ses hôtes; 37. elle donne la tête à sa mère. 38. L'enterrement.

[2] Wiecker, Die Christus- oder Bernwardssäule zu Hildesheim, Figur 3 und 4 (Hildesheim, Lax).

[3] Kraus, Die Miniaturen des Codex Egberti (Freiburg, Herder), Tafel xxix.

Fol. 367 v. I. 39. Zwei Apostel bringen dem Herrn Brode und Fische. 40. Die Apostel vertheilen Brode an die Volksscharen.

II. 41. Petrus wandelt auf dem Meere, das aus der Ecke zur Rechten ein geflügelter blasender Kopf aufregt. (Vgl. Nr. 80). 42. Ein Mann (der Hauptmann?) kniet vor Christus. 43. Die Kananäerin bittet um Heilung ihrer Tochter, die vor Christus kniet, während ein Teufel über ihr schwebt (Matth. 15, 21 f.).

III. 44. Die Samariterin am Brunnen. 45. Ein Mann kniet bittend vor dem Herrn. 46. Einen nackten, unter einer Bogenhalle sitzenden Mann berührt ein Engel (Joh. 5, 1 f.).

IV. 47. Der zu Bett liegende Gichtbrüchige wird vom Herrn, dem ein Jünger folgt, angeredet. 48. Geheilt trägt er sein Bett fort, während zwei Pharisäer in heftiger Gesticulation ihn tadeln. 49—54. Die Heilung des Blindgebornen. 49—52. Er bittet um Heilung, Christus macht Teig aus Staub und berührt dessen Augen; unten wäscht der Kranke sich in einem Teiche und redet heftig zu einer Schar gegen ihn gesticulirender Männer.

V. 53. Die Berathung der Juden, welche über diese Heilung streiten (Joh. 9, 16). 54. Christus steht vor dem Blinden, den ein Pharisäer aus dem Tempel stösst.

VI. 55. Christus steht, ein kleines Doppelkreuz vor der Brust haltend, zwischen den Zwölfen.

VII. 56. Dem Herrn folgen drei Apostel, zwei Frauen stehen vor ihm.

VI und VII. 57. Die Verklärung in einer zwei Reihen füllenden Doppelscene. Christus steht zwischen Moses und Elias, über ihm erscheint in Wolken die Hand Gottes, zu seinen Füssen sitzt Petrus und stehen die beiden andern Apostel. Unten die drei Apostel tief gebeugt.

Fol. 368 r. Inhalt der 80 Kapitel des Matthäusevangeliums.

Fol. 368 v. Ein Drittel der Seite enthält Text, in den übrigen zwei Dritteln in acht Reihen nur vier Scenen.

I. 58. Heilung der zehn Aussätzigen. 59. Berufung des Matthäus. (Vgl. Nr. 30.)

II und III. 60. Parabel von den zehn Jungfrauen. In der Mitte der obern Reihe erhebt Christus die Hand zum Redegestus. Zu seiner Rechten halten drei, zur Linken zwei Jungfrauen ihre Lampen auf hohen Stilen empor. In der andern Reihe erblickt man unter Christus das verschlossene Thor des Himmels, woran zwei thörichte Jungfrauen klopfen. Alle thörichten Jungfrauen (3 zur Rechten, 2 zur Linken) senken ihre Lampen. In der Ecke steht ein Baum (Luc. 25, 31). Alle elf Figuren sind nur im Brustbild gegeben.

IV—VIII. 61. Das jüngste Gericht. In der obersten Reihe (IV) stehen vier Paare von Engeln; in der V. stehen rechts und links je ein Engel, zwischen ihnen halten zwei kniende Engel einen grossen Kreis, worin sich ein Kreuz befindet. Die VI. Reihe ist doppelt so hoch als die andern. In ihrer Mitte thront Christus mit ausgebreiteten Armen in einem grossen Kreise, den zwei stehende Engel halten. Unter dem Richter sitzt in der VII. Reihe Petrus zwischen elf Aposteln, welche wie er Bücher halten.

Fol. 367 v. I. 39. Deux apôtres apportent du pain et des poissons au Sauveur. 40. Les apôtres distribuent le pain au peuple.

II. 41. St. Pierre marche sur les flots, agités par le souffle d'une tête ailée, placée à droite. (Voyez n. 80.) 42. Un homme (le centurion?) agenouillé devant Jésus. 43. La Chananéenne demande la guérison de sa fille, agenouillée devant le Christ. Un diable plane au-dessus de cette fille (Matth. 15, 21 s.).

III. 44. La Samaritaine au puits. 45. Un homme demande à genoux une grâce du Sauveur. 46. Un homme nu, assis sous un portique, est touché par un ange (Io. 5, 1 s.).

IV. 47. Le paralytique, couché dans son lit, et le Sauveur, suivi d'un apôtre. 48. Le malade est guéri et emporte son lit, tandis que deux pharisiens protestent avec grands gestes. 49—54. La guérison de l'aveugle de naissance. 49—52. Il demande sa guérison, le Christ fait une pâte avec la poussière et touche ses yeux; en bas le malade se lave dans un étang et parle à une foule de Juifs, gesticulant vivement contre lui.

V. 53. Le conseil des Juifs, disputant au sujet de cette guérison (Io. 9, 16). 54. Le Christ devant l'aveugle guéri qui est poussé hors du temple par un pharisien.

VI. 55. Le Sauveur, tenant une petite croix double devant sa poitrine, au milieu des douze apôtres.

VII. 56. Trois apôtres suivent le Sauveur, deux femmes sont devant lui.

VI et VII. 57. La transfiguration en deux scènes. A côté du Christ apparaissent Moïse et Elie, au-dessus la main divine; aux pieds St. Pierre, assis entre les deux autres apôtres, qui se tiennent debout. En bas les trois apôtres profondément inclinés.

Fol. 368 r. Contenu des quatre-vingts chapitres de l'évangile de St. Matthieu.

Fol. 368 v. Un tiers de la page est occupé par le texte, les deux autres tiers n'ont que quatre scènes en huit compartiments.

I. 58. La guérison des dix lépreux. 59. La vocation de St. Matthieu (voyez n. 30).

II et III. 60. La parabole des dix vierges. En haut le Christ avec le geste de quelqu'un qui parle, entouré des vierges sages (3 à droite, 2 à gauche), tenant leurs lampes. En bas se voit sous le Sauveur la porte fermée du ciel; deux vierges folles y frappent. Toutes ces vierges folles (3 à droite, 2 à gauche) ont des lampes renversées. Un arbre s'élève au coin (Luc. 25, 31). Les onze personnages ne sont dessinés qu'en buste.

IV—VIII. 61. Le dernier jugement. Dans le premier compartiment (IVᵉ) quatre paires d'anges se tiennent debout; au Vᵉ à droite et à gauche un ange debout. Au milieu deux anges agenouillés tiennent un grand cercle avec une croix. Le VIᵉ compartiment est deux fois plus haut que les autres. On y voit le Christ étendant ses mains et trônant au milieu d'un grand cercle, soutenu par deux anges. Au-dessous du juge, St. Pierre est assis (VIIᵉ) au milieu des onze apôtres qui portent

In der untersten (VIII.) Reihe schaut zur Rechten eine Schar bekleideter, mit dem Nimbus ausgezeichneter Auserwählten zu Christus auf: zur Linken gehen nackte Männer und Frauen weg; obgleich sie sich von Christus abwenden, schauen sie doch nach oben. In beiden Gruppen erheben viele ihre Hände.

Fol. 369 r. I. 62—66. Die Auferweckung des Lazarus. 62. Zwei Boten reden zu Jesus. 63. Martha und Maria knien vor dem Herrn. 64. Der todte Lazarus liegt in einem Gebäude nackt auf einem Bett. 65. Neun Männer folgen dem Heilande, die beiden Schwestern knien vor ihm, während er vor dem Monument steht, in dessen Thüre Lazarus noch eingewickelt erscheint.

II. 66. Das Mahl bei Lazarus. Maria giesst Salbe über des Herrn Haupt.

C. Das Leiden. 67. Zwei Apostel führen einen Esel herbei.

III. 68. Einzug in Jerusalem.

IV. 69. Das letzte Abendmahl. 70. Die Fusswaschung. 71. Das Gebet am Oelberg.

V. 72. Die Gefangennehmung. 73. Christus wird vor den Richter geführt.

Fol. 369 v. I. 74. Falsche Zeugen treten gegen Christus auf. 75. Judas hängt am Baume.

II. 76. Petrus steht zwischen zwei Frauen und fünf Männern unter einem Thorbogen und verläugnet seinen Meister. 77. Die Geisselung. Der Heiland ist, in ein blaues Gewand gekleidet, an die Säule gebunden. Der Richter befiehlt zweien Schergen, welche Geisseln halten, ihn zu schlagen.

III. 78. Dornenkrönnng und Verspottung. Ecce homo. Pilatus hält Christus bei der Hand [1]. Hinter dem Heiland stehen drei, vor ihm sieben Männer.

IV—VIII. 80. Grosse Kreuzigungsgruppe. In deren Mitte ist der Heiland mit dem Lendentuch bekleidet, ohne Krone und Fussbrett, mit horizontal ausgestreckten Armen durch vier Nägel an ein grünes Kreuz geheftet. Die Inschrift [2] hängt über seinem Haupte. Zur Rechten derselben sieht man die Sonne auf einem mit vier Pforden, zur Linken den Mond auf einem mit vier Ochsen bespannten Wagen [3]. Neben dem Kreuze stehen rechts und links zuerst der Lanzenträger, Christi Seite öffnend, und der Schwammträger, dann Maria und Johannes, weiterhin je ein Henker, der die Beine der Schächer zerschmettert. Letztere sind mit rückwärts gebogenen Armen angebunden und tragen Lendentücher. Unten (im Vordergrunde) stehen in einer Reihe acht Juden, die den Herrn verspotten.

Fol. 370 r. D. Die Auferstehung und Verherrlichung. I. 81. In der Ecke erhebt sich das bethürmte Grabdenkmal Christi. Unter demselben sieht man drei Engel zwischen zwei Soldaten, in demselben die Tücher; neben der Thüre sitzt ein vierter Engel, ein fünfter Engel auf dem Stein, der das Grab verschloss. Vier (!) Frauen nahen sich; sie gehen hintereinander, und jede trägt ein Gefäss. 82. Christus erscheint zweien Jüngern. Das Grabdenkmal steht im Hintergrunde.

comme lui des livres. En bas à droite (VIII[a]) beaucoup d'élus, richement vêtus et ornés d'un nimbe, élèvent leurs regards vers le Christ. A gauche des hommes et des femmes s'en vont sans vêtement. Quoiqu'ils se détournent du Christ, ils dirigent néanmoins leurs regards vers lui. Dans ces deux groupes beaucoup de personnes élèvent leurs mains.

Fol. 369 r. I. 62—66. La résurrection de Lazare. 62. Deux messagers parlent au Sauveur. 63. Marthe et Marie agenouillées devant le Christ. 64. On voit dans une maison Lazare, couché sans vêtement sur un lit. 65. Neuf hommes suivent le Sauveur; les deux soeurs sont encore agenouillées devant lui; Lazare, enveloppé de linges, se montre à la porte du monument.

II. 66. Le repas chez Lazare; Marie verse des parfums sur la tête du Sauveur.

C. La passion. 67. Deux apôtres amènent un âne.

III. 68. L'entrée à Jerusalem.

IV. 69. La Sainte Cène. 70. Le lavement des pieds. 71. La prière au jardin.

V. 72. La capture du Sauveur. 73. Jésus conduit devant le juge.

Fol. 369 v. I. 74. Les faux témoins parlent contre le Christ. 75. Judas pendu à l'arbre.

II. 76. St. Pierre, sous une porte entre deux femmes et cinq hommes, renie son maitre. 77. La flagellation. Le Sauveur, vêtu d'une longue tunique bleue, est lié à la colonne. Le juge commande à deux bourreaux, qui tiennent des fouets, de le frapper.

III. 78. Le Christ couronné d'épines et moqué. 79. Ecce Homo. Pilate tient la main du Christ [1]. Trois hommes se trouvent derrière le Sauveur, sept devant lui.

V—VIII. 80. Grande image du crucifiement. Au milieu le Sauveur est attaché par quatre clous à une croix verte. Il porte un linge autour des reins, n'a ni couronne ni escabeau et étend ses mains horizontalement. La légende [2] est fixée au-dessus de sa tête. A droite du soleil sur un char attelé de quatre chevaux, à gauche la lune sur un char à quatre boeufs [3]. A droite et à gauche de la croix on trouve les porteurs de la lance et de l'éponge, la Ste. Vierge et St. Jean, puis les bourreaux, qui brisent les jambes des deux larrons. Les bras des larrons sont recourbés en arrière et attachés à la croix. Ces larrons portent des linges autour du corps. En bas (au premier plan) huit juifs se moquent du Sauveur.

Fol. 370 r. D. La résurrection. I. 81. Dans un coin le sépulcre avec une tour. Au-dessous trois anges entre deux soldats, à l'intérieur les linges. Un quatrième ange est assis près de la porte, un cinquième sur la pierre qui fermait le sépulcre. Quatre (!) femmes s'approchent, marchant l'une derrière l'autre et portant des vases. 82. Le Christ apparaît à deux disciples. Le monument se trouve au fond.

---

[1] Cfr. Kraus, Codex Egberti Tafel XLVII.

Beissel, Vaticanische Miniaturen.

[2] IHS NAZAREN[S] REX IVDEORVM.

[3] Westwood, Facsimiles of miniatures and ornaments pl. XLVIII.

5

II. 83. Der Erstandene bei den Elfen, (84.) die ihm Honigkuchen und Fische reichen. 85. Der Herr erscheint am Ufer den im Schiff sitzenden Aposteln.

III. 86. Petrus hält ein grosses Netz; neun Apostel sitzen mit Christus zu Tisch, einer bringt Brode und Fische. 87. Magdalena am Grabe. 88. Christus erscheint ihr. IV. 89. Zwei Jünger betrachten die im Grabe liegenden Leintücher. 90. Der Heiland zeigt zehn Aposteln Hände und Seite. Es ist nicht zu übersehen, dass 81—89 die Evangelien der Osterwoche illustriren. So gehört 81 (Marc. 16, 1 f.) zur Pericope des Ostertages, 82 (Luc. 24, 1 f.) zu jener des Ostermontages, 83 und 84 (Luc. 24, 36 f.) zu jener des Dienstages, 85 und 86 (Joh. 21, 1 f.) zu jener des Mittwochs, 87 und 88 (Joh. 20, 11 f.) zu jener des Donnerstages; 89 (Joh. 20, 3 f.) wurde in einigen Kirchen am Freitage gelesen; 90 (Joh. 21, 19 f.) ist die Pericope des Samstages der Osterwoche.

V. 91. Zwei Engel tragen den in einer Mandorla sitzenden Herrn empor zum Himmel. Unten stehen rechts und links neben Maria je ein Engel und die Apostel. 92. Die Sendung des Heiligen Geistes (Pfingstfest). Von einem Stern steigen elf Strahlen zu den Aposteln herab, in deren Mitte Petrus sitzt; Maria fehlt. Unten stehen in einem Thorbogen drei kleine Männer. 93. Der Tod Mariä. Hinter ihrem Lager hält der Herr, von Petrus begleitet, ihre Seele in Gestalt eines eingewickelten Kindes. Neben einem über ihm schwebenden Stern halten zwei Engel, deren Füsse nach oben gerichtet sind, ihre Hände vor, um die Seele zu empfangen. Am Kopfende und am Fusse des Bettes stehen je fünf Apostel.

Fol. 370 v. 94. In einem blauen Kreise wird Maria, die stehend ihre Arme ausbreitet, von vier Engeln emporgetragen. 95. Unten ist in einem Kreise das Bild des hl. Matthäus gemalt, dessen Evangelium folgt.

Alle diese Scenen entbehren des landschaftlichen Hintergrundes. Christus ist nur bei der Verklärung und beim Gericht bedeutend grösser als die übrigen Personen; gewöhnlich überragt er sie nur wenig. Er hat stets den Kreuzesnimbus. Maria und die Apostel erscheinen nicht selten ohne Nimbus, die Engel nie. Die Bilder wurden rasch in Umrissen hingeworfen und mit Farben gefüllt. Fol. 367 v. und 368 v. sind nicht vollendet; denn in die Umrisslinien ist nur Roth eingetragen. Schattirung ist nicht versucht.

Der Cyklus, einer der vollständigsten, welche aus der ersten Hälfte des Mittelalters erhalten sind, ist sehr wichtig als Parallele zur ehernen Christussäule von Hildesheim, zu den vier marmornen Altarsäulen von S. Marko in Venedig und zum Evangelienbuch von Gotha [1]. Die Handschrift ist überdies eines der beachtenswerthesten Bindeglieder zwischen der Kunst der karolingischen Zeit und jener des gothischen Stilus. Sie bietet somit eines der bedeutendsten Beweismittel für die ruhige Fortentwicklung eines grossen Zweiges der italienischen Kunst aus der Antike zur Gotik.

II. 83. Jésus se montre aux onze apôtres, (84.) qui lui présentent du miel et des poissons. 85. Le Christ apparaît sur le rivage aux apôtres, qui sont dans un navire.

III. 86. St. Pierre tient un grand filet. Neuf apôtres sont assis à table avec le Christ, l'un apporte des pains et des poissons. 87. Madeleine au tombeau. 88. Le Sauveur lui apparaît. IV. 89. Deux disciples regardent les linges restés dans le tombeau. 90. Le Sauveur montre ses mains et son côté à dix apôtres. 81—89 illustrent les évangiles de la semaine de Pâques. 81 (Marc 16, 1 s.) se rapporte à l'évangile du dimanche, 82 (Luc. 24, 1 s.) à celui du lundi, 83 et 84 (Luc. 24, 36 s.) à celui du mardi, 85 et 86 (Jo. 21, 1 s.) à celui du mercredi, 87 et 88 (Jo. 20, 11 s.) à celui du jeudi; 89 (Jo. 20, 3 s.) était lu dans quelques églises le vendredi; 90 (Jo. 21, 19 s.) est l'évangile du samedi.

IV. 91. Le Sauveur, assis dans une amande mystique, est porté au ciel par deux anges. En bas deux anges et les apôtres à droite et à gauche de la Ste. Vierge. 92. La Pentecôte. Onze rayons descendent d'une étoile sur les apôtres. St. Pierre est assis au milieu; la Ste. Vierge est absente. En bas trois petites figures se trouvent dans une porte. 93. La mort de la Ste. Vierge. Le Christ, accompagné de St. Pierre, tient derrière le lit l'âme de sa mère sous la forme d'un petit enfant enveloppé. Audessus brille un astre; deux anges, dont les pieds sont dirigés vers le haut, tendent leurs mains en avant, pour prendre cette âme. Cinq apôtres se trouvent au chevet, cinq autres au pied du lit.

Fol. 370 v. 94. Quatre anges soutiennent un cercle dans lequel la Ste. Vierge est debout étendant ses mains. 95. En bas St. Matthieu, dont l'évangile suit.

Aucune de ces scènes n'a de paysage au fond. Seulement dans la transfiguration et dans le jugement, le Christ est beaucoup plus grand que les autres personnages. D'ordinaire il ne les dépasse que de peu. Il a toujours le nimbe cruciforme. La Ste. Vierge et les apôtres sont souvent sans nimbe, les anges l'ont toujours. Les images ont été dessinées rapidement et teintées de quelques couleurs. Les pages 367 v. et 368 v. ne sont pas achevées, on ne trouve que le rouge dans l'intérieur de leurs contours.

Le cycle, un des plus complets que nous connaissons dans la première moitié du moyen âge, est très important comme pendant de la colonne de bronze à Hildesheim, des quatre colonnes de marbre à St. Marc de Venise et des miniatures de l'évangéliaire de Gotha [1]. Le manuscrit est un des liens les plus importants entre l'art carlovingien et l'art gothique, et une des meilleures preuves du développement continu de cette grande branche de l'art italien, qui commence avec l'art antique pour finir à l'art gothique.

[1] _Beissel_, Die Bilder der Handschrift des Kaisers Otto im Münster zu Aachen S. 13 f. 42 f.

XVIII.

Evangelia. Cod. Vatic. Ottob. lat. 74 fol. 193 v.

Das mit vier blattgrossen Bildern und ebenso-
vielen Ziertiteln versehene Buch (278 × 225 mm)
stammt aus dem vielverzweigten Künstlerkreis,
welcher Bamberg und Regensburg um das Jahr 1000
mit so manchen schönen Codices versah. Am näch-
sten steht es der nach München gebrachten Handschrift der Aebtissin Uota von Niedermünster[1]. Die
Ausführung ist fein und zart, erreicht aber nicht
den Reichthum des Codex der Uota. Dass die
Handschrift sich noch am Ende des Mittelalters in
Deutschland befand, erhellt aus einer um 1500 auf
dem letzten Blatte eingetragenen Notiz, welche zum
2. Januar den Besuch eines Chirurgen aus der zur
Lütticher Diöcese gehörenden, bei Roermond liegenden Stadt Weert verzeichnet. Das führt zur Vermuthung, sie möge als Geschenk Heinrichs des Heiligen dem Servatiusstift zu Maestricht gehört haben[2].
Das Perikopenverzeichniss hat 6 Wochen nach
Ostern, 6 nach Pfingsten, 6 nach Peter und Paul,
5 nach Laurentius, 8 nach Cyprian und 4 vor Weihnachten, steht also jenem der Bayrischen Handschriften sehr nahe[3].

Fol. 15 v. In einem grossen Kreise sitzt der Evangelist Matthäus unter dem Brustbilde seines Symboles.
Um den Kreis legt sich ein quadratischer Rahmen, in
dessen Ecken kleine runde Rahmen das Lamm Gottes
und die drei andern Evangelisten enthalten. Das Innere
jedes der drei letztgenannten Kreise ist durch eine Säule
getheilt, neben der in einer Hälfte ein Evangelist, in der
andern sein Symbol gemalt ist. Die vier Seiten des
Rahmens tragen eine Inschrift[4].
Fol. 16. 84. 127. 194. Grosse Ziertitel zu den vier
Evangelien.
Fol. 83 v. Bild des zweiten Evangelisten, für das eine
griechische Miniatur als Vorlage benutzt sein dürfte.
Hier enthalten die kleinen Medaillons der Ecken 1. den
Evangelisten Marcus mit seinem Löwen, 2. das Lamm
Gottes, 3. einen Adler und einen Löwen, 4. einen Löwen
mit einem Ochsen. Die Inschrift erklärt den Sinn des
so oft vorkommenden Löwen[5].
Fol. 126 v. Der Evangelist Lucas[6].

---

[1] Cimelia 54. Vgl. Beissel, Des hl. Bernward Evangelienbuch S. 40. 70. Cahier, Nouveaux mélanges, Curiosités
p. 15 s. etc.
[2] Gilbertus weertt(ensis) ch(i)r(urgu)s Leodien(sis) dio-
cesis venit 2. Ianuarii.
[3] Hebd. VI. post Pascha Io. 145 (15, 26—16, 4).
Dom. VI. post Pentecosten Luc. 29 (5, 1—11). Dom. VI.
post natale apostolorum Luc. 214 (18, 9—14). Dom. V. post

Ce livre, orné de quatre miniatures de pleine
page (278 × 225 mm) et d'autant de riches titres, est
une oeuvre de la grande école, à laquelle Bamberg
et Ratisbonne durent vers l'an 1000 tant de magnifiques manuscrits. Il se rapproche le plus du beau
volume de l'abbesse Uota de Niedermünster qu'on
a transporté à Munich[1]. L'exécution est fine et
délicate, mais n'atteint pourtant pas la richesse du
manuscrit d'Uota. Une note, inscrite vers l'an 1500
sur la dernière feuille, prouve qu'à la fin du moyen
âge le livre se trouvait encore en Allemagne. Elle
parle de l'arrivée d'un chirurgien du diocèse de
Liège, venant le 2 janvier de la petite ville de
Woert, près de Ruremonde. Le livre est donc
peut-être un don de Henri II à la collégiale de
Maestricht[2].
La liste des évangiles compte 6 semaines après
Pâques, 6 après l'entecôte, 6 après la fête de
St. Pierre et de St. Paul, 5 après la fête de St. Lau-
rent, 8 après celle de St. Cyprien et 4 avant Noël.
Elle s'approche donc assez de celui des manuscrits
de Bamberg[3].
Fol. 15 v. L'évangéliste St. Matthieu assis sous son
symbole dans un grand cercle. Un encadrement carré
entoure ce cercle. Les quatre angles sont ornés de petits cercles, dans lesquels on trouve l'agneau divin et les
trois autres évangélistes. L'intérieur des trois derniers
cercles est divisé par une colonne, à côté de laquelle on
voit à droite un évangéliste, à gauche son symbole. Les
quatre côtés de l'encadrement portent une légende[4].
Fol. 16. 84. 127. 194. Grands titres ornés des quatre
évangiles.
Fol. 83 v. Miniature du second évangéliste, copiée
peut-être sur un modèle byzantin. Les petits médaillons
des angles contiennent: 1. l'évangéliste St. Marc avec
son lion, 2. l'agneau divin, 3. un aigle et un lion, 4. un
lion et un boeuf. L'inscription explique le symbole du
lion représenté si souvent[5].
Fol. 126 v. L'évangéliste St. Luc[6].

---

s. Laurentii Luc. 67 (7, 11—16). Dom. VIII. post s. Cypriani
Io. 49 (6, 5—14). Dom. IV. ante natale Domini Matth. 206
(21, 1—9).
[4] † Mattheus ex regum producit stemmate Iesum.
Primus ordine.
[5] † Schemate · ser · monis · Mar cus · gerit · ora · leonis.
Secundus ordine.
[6] † Lucam votorum fingunt sa cramenta iuvenci!
Tertius ordine.

5*

Fol. 193 v. Statt des vierten Evangelisten steht hier Heinrich II. (Tafel XVIII), ihm gegenüber aber Fol. 194 der reiche Ziertitel zum Johannesevangelium. Ueber dem Kaiser schwebt der Heilige Geist, neben ihm stehen in Brustbildern „Weisheit" und „Klugheit" mit offenen Büchern, in den Ecken ein Weib mit einer Waage („die Gerechtigkeit"), ein Weib, das gebeugt die Hände auf der Brust kreuzt („die Andacht"), ein Cleriker, der zum Kaiser aufblickend ein Buch emporhält („das Gesetz"), und ein auf einen Krückenstock sich stützender älterer Laie, der um einen günstigen Richterspruch bittet („das Recht"). Im untern Halbkreise erhebt ein kniender Mann die Hände, worin er ein rothes Band hält, zum Kaiser. Vor ihm steht ein Mann, der ebenfalls aufblickend den Befehl erwartet, sein Schwert zu ziehen oder in die Scheide zu stecken. Inschriften erläutern die einzelnen Bilder[1]. Ihr C ist immer eckig, E theils eckig theils rund, zweierlei A ist verwendet, Ligaturen sind nicht selten. Alle Figuren des 200 × 175 mm grossen Bildes stehen auf Goldgrund. Zwischen den Kreisen ist die Musterung blau und roth mit weissen Punkten. Der Kaiser trägt einen violetten Mantel, ein blaues Gewand und ein weisses Unterkleid. Golden mit rother Einfassung sind Stola, Krone, Schuhe und Besatz des Oberkleides. Seine Haare sind blond. Auch die neben ihm stehenden Halbfiguren haben blaue Kleider, violette Mäntel und goldene Besatzstücke, aber weisse Bücher und schwarze Haare.

Die Gerechtigkeit hat ein hellblaues Kleid unter einem grünlich schattirten Mantel, die Pietas bläuliche Gewänder; Lex und Jus haben blaue Kleider unter violetten Mänteln. Der unten kniende Mann trägt ein blaues Kleid, der vor ihm stehende Schwertträger ein violettes und blaue Beinkleider. Alle Farben sind stark mit Weiss gemischt und gehen an lichten Stellen in Weiss über. Die Wolken über der blauen Taube sind roth, blau und violett, die Bogen in den Ecken bei Justitia und Jus blauweiss, bei Pietas, Lex und neben dem Kaiser hellviolett. Der innere Strich der fünf grossen Kreise ist tief blau, die Inschriften sind golden. Gold mit Blau und Weiss mit Violett herrschen vor.

Fol. 193 v. Au lieu du quatrième évangéliste on trouve ici Henri II (planche XVIII) vis-à-vis (fol. 194) du titre richement orné de l'évangile de St. Jean. Le St. Esprit plane au-dessus de l'empereur; à ses côtés les bustes de „la Sagesse" et de „la Prudence" tiennent des livres ouverts. On voit dans les quatre angles de l'encadrement une femme avec une balance („la Justice"), une femme qui baisse la tête et croise les mains sur sa poitrine („la Piété"), un clerc qui regarde l'empereur en élevant un livre („la Loi") et un laïque âgé demandant une sentence favorable („le Droit"). Dans un demi-cercle en bas un homme agenouillé lève ses mains vers l'empereur en tenant un cordon rouge. Un homme debout devant lui regarde de même l'empereur, en attendant l'ordre de tirer ou de remettre son glaive. Des légendes expliquent toutes ces figures. Le C est toujours anguleux, l'E anguleux ou rond. On y voit deux sortes d'A. Les ligatures sont fréquentes. Les figures de cette feuille (200 × 175 mm) ont un fond doré. Le dessin entre les cercles est bleu et rouge, semé de points blancs. L'empereur porte un manteau violet et sous une tunique bleue une autre, qui est blanche. Son étole, sa couronne, ses souliers et la bordure de sa tunique bleue sont dorés et encadrés de rouge. Les cheveux sont blonds. Les tuniques des demi-figures à côté de l'empereur sont également bleues, leurs manteaux violets, les bordures dorées, leurs livres sont blancs et leurs cheveux noirs.

La Justice porte une tunique bleue sous un manteau ombré de vert, la Piété des vêtements bleuâtres. La Loi et la Justice ont des tuniques bleues sous des manteaux violets. L'habit de l'homme agenouillé en bas est bleu, celui de l'autre qui tient le glaive violet; ses chausses sont bleues. Toutes les couleurs sont très nuancées de blanc et deviennent même tout à fait blanches dans les parties les plus relevées. Le nuage au-dessus de la colombe bleue est rouge, bleu et violet. Les arceaux dans les coins sont bleu-blanc au-dessus de „Justitia" et „Jus", mais violet-clair au-dessus de „Pietas", „Lex" et à côté de l'empereur. Le trait intérieur des cinq grands cercles est bleu-foncé, les légendes sont dorées. L'or avec le bleu et le blanc avec le violet dominent.

XIX.

A. **Novum Testamentum.** Cod. Vatic. lat. 39 fol. 64 v.

B. **De expeditione Ierosolymitana.** Cod. Vatic. lat. 2001 fol. 1.

XIX, A. Der Codex Vatic. lat. 39 muss aus Verona stammen, weil der hl. Zeno so oft im Kalender

XIX, A. Le codex Vatic. lat. 39 doit provenir de Vérone, puisque St. Zénon est nommé souvent

---

[1] Iustitia, Pietas, Sapientia, Prudentia, Lex, Ius.
† Imperii sollo fulget Heinricus avito:
Caesar et Augustus trabeali munere dignus.
Spiritus alme Deus regem benedicito clemens.

Consiliis sacris apta est sapientia regis.
Suggerit hinc cautam causis prudentia normam.
Caesaris ad nutum dampnat lex iusque tyrannum.
Discernant leges, pietas, iustitia mites.

vorkommt, aus einem Benediktinerstift, weil der hl. Majolus dort genannt wird [1]. Er hat 140×94 mm, stammt aus der zweiten Hälfte des 13. Jahrhunderts und ist mit beachtenswerthen Miniaturen gefüllt. Sie stehen meist ohne Rahmen im Text, füllen aber oft auch eine ganze Seite und fussen auf älteren Vorlagen. Die wichtigeren sind folgende:

Fol. 4. Der Stammbaum Christi. In der Mitte sieht man Jesse, Salomon, Maria und Christus in ganzen Figuren, an jeder Seite vier Könige in Brustbildern.

Fol. 6. Herodes erhebt auf dem Thron sitzend seine Hand, um den Befehl zum Morde der Kinder zu geben, der vor seinen Augen vollzogen wird [2].

Fol. 14. Die Tochter der Herodias tanzt, und Johannes wird enthauptet. Tafel XX, C. Mit zwei Zeilen Text 80 mm hoch und 125 mm breit [3]. Lilafarbig sind das Kleid der Tänzerin, der Mantel des ersten Gastes und das Kleid der Königin, grün der Mantel der Königin, das Kleid des vierten Gastes, die Beinkleider des Henkers und die vier faltenreichen Theile des Tischtuches; purpurroth das Kleid des Herodes, der Mantel des vierten Gastes und der Thurm oben; blau ist nur der Mantel des Herodes, gelb das Kleid des ersten Gastes und des Henkers, hellgrau das Tischtuch, violettgrau das Kleid des Täufers und der Sockel des Thurmes, vergoldet sind die Kronen und der Nimbus des Vorläufers, versilbert der Grund unter dem Gold, der Becher und das Schwert.

Fol. 15. Ein Mann hält dem Herrn die fünf Brode hin, welche er vermehren soll; unten stehen in einer Schüssel die beiden Fische (Joh. 6, 9).

Bei der Parabel von den Jungfrauen sind aus der alten Vorlage die Verse herübergenommen [4]. Im Bilde sieht man den Herrn zwischen den Jungfrauen. Zu seiner Rechten stehen unter Bogen die weisen mit Kerzen, zur Linken die thörichten mit Krügen.

Fol. 29 v. Ein Teufel steigt als graue Gestalt aus dem Munde eines kleinen besessenen Mannes hervor, ein anderer reitet auf Schweinen ins Meer.

Fol. 57 v. und 58. Die Parabel vom armen Lazarus [5].

Fol. 64, Tafel XIX, A. Ganzseitige Miniatur von 140×94 mm [6]. Der Erlöser ist im Begriffe, eine Leiter hinanzusteigen, um stehend angenagelt zu werden. Diese Art der Annagelung sah noch der hl. Bonaventura in seinen Betrachtungen über das Leben Christi als die wahrscheinlichere an. Der Hintergrund ist über dem Querbalken des Kreuzes versilbert, unter ihm vergoldet, das Kreuz selbst purpurroth. Der Nimbus der Engel ist golden, jener des Herrn und des Lieblingsjüngers blau,

dans son Calendrier, et d'une abbaye de Bénédictins, puisqu'on y trouve St. Majeul [1]. Il est grand de 140 × 94 mm, de la seconde moitié du XIII° siècle et enrichi de beaucoup de miniatures importantes. La plupart se trouvent dans le texte, plusieurs occupent toute une page. Elles sont souvent dessinées d'après des modèles anciens. Nous indiquerons les plus importantes.

Fol. 4. L'arbre généalogique du Sauveur. On voit au milieu Jessé, Salomon, Marie et le Christ en figures pleines. à chaque côté quatre rois en buste dans les branches.

Fol. 6. Hérode, assis sur un trône, élève la main. pour ordonner le massacre des Innocents, qui est exécuté devant ses yeux [2].

Fol. 14. La fille d'Hérodiade danse et St. Jean a la tête tranchée. Planche XX, C. Hauteur avec deux lignes de texte 80 mm, largeur 125 mm [3]. Couleur lilas: la robe de la danseuse, le manteau du premier hôte et la robe de la reine; couleur verte: le manteau de la reine, l'habit du quatrième hôte, les chausses du bourreau et dans la nappe les quatre parties pleines de plis; couleur pourpre: l'habit d'Hérode, le manteau du quatrième hôte et la partie supérieure de la tour; couleur bleue: le manteau d'Hérode; couleur jaune: l'habit du premier hôte et celui du bourreau; couleur gris-clair: la nappe; couleur violet-gris: l'habit du précurseur et le soubassement de la tour. Les couronnes et le nimbe de St. Jean sont dorés; le fond sous l'or, le gobelet et le glaive sont argentés.

Fol. 15. Un homme présente au Sauveur les cinq pains, qu'il multipliera; en bas les deux poissons dans un plat (Jo. 6, 9).

La parabole des dix vierges est accompagnée de deux vers d'un livre plus ancien [4]. Dans la miniature le Sauveur se trouve au milieu; on voit les vierges sages sous des arceaux, portant des cierges, les vierges folles à gauche avec des vases.

Fol. 29 v. La figure grise d'un diable sort de la bouche d'un possédé; un autre diable, assis sur les porcs. se précipite vers la mer.

Fol. 57 v. et 58. La parabole du pauvre Lazare [5].

Fol. 64, Planche XIX, A. La miniature (140 × 94 mm) remplit toute une page [6]. Le Sauveur est prêt à gravir l'échelle, pour être attaché à la croix. St. Bonaventure pense que le Sauveur fut probablement attaché de la sorte. Au-dessus du croisillon le fond est d'argent, au dessous d'or. La croix est de pourpre-rouge. Les nimbes des anges sont dorés, ceux du Sauveur et de St. Jean bleus, celui de la Ste. Vierge est rouge. Le premier ange a une tunique lilas, un manteau vert et des ailes bleues,

---

[1] 2. Id. April. Depositio s. Zenonis. 12. Kal. Iun. Translatio s. Zenonis. VI. Id. Dec. s. Zenonis ep. et conf. Seroux d'Agincourt tav. CIII.

[2] Cfr. Kraus l. c. Tafel III. (Bonner) Jahrbücher des Vereins von Alterthumsfreunden im Rheinlande LXX. Seroux d'Agincourt tav. CIV n. 16 s. etc.

[3] Seroux d'Agincourt tav. CIII n. 4.

[4] Sponsus ego vile. Vos introduco, venite. Luminis oblite, fatue venistis, abite.

[5] Seroux d'Agincourt tav. CIII n. 17.

[6] Ibid. n. 18.

derjenige Marias roth. Der erste Engel hat ein lila-farbiges Kleid, einen grünen Mantel und blaue Flügel, der zweite ein grünes Kleid und einen blauen Mantel, die Flügel sind grün und blau. Christus hat ein lila-farbiges Kleid und ein rothes Kreuz im Nimbus, Maria einen blauen Schleier, die vor ihr stehende Frau einen rothen über einem blauen Kleide. Grüne Kleider tragen die beiden zu den Seiten Christi stehenden Männer so-wie ein Jude vor den Soldaten. Der Mantel des ersten Juden ist roth, sein Kopftuch grün; der in der Ecke stehende dritte hat einen blauen Mantel. Im Rahmen wechseln Grün und Roth. Die Kleidungsstücke sind mit Weiss gehöht oder durch zu dreien gestellte Punkte be-lebt. Die Haare sind rothbraun, nur die beiden spitzen Bärte der Juden sind grau.

Fol. 65. Bild der Kreuzigung. Das Kreuz quadrirt den Hintergrund; die obere Ecke rechts und die untere links sind silbern, die beiden andern golden.

Fol. 72. Christus steht vor einem Schiff, in dem sich vier Apostel befinden. Er hält ein Schriftband, worauf der Name eines Eigenthümers des Buches verzeichnet ist[1].

Fol. 77. Lazarus wird, in grüne Windeln gewickelt, von einem Juden in einem wannoartigen Gefäss (Sarko-phag) aufrecht gehalten. Zur Rechten sieht man einen, zur Linken zwei Juden, hinter ihnen hohe Gebäude. Vor dieser Gruppe steht Christus, dem zwei Apostel folgen. Magda-lena kniet vor jener Wanne und schaut zum Herrn auf[2].

Fol. 85. Herabkunft des Heiligen Geistes. Christus erscheint in halber Figur in einem Kreise, über einer Tafel mit der Inschrift Ses Sps (der Heilige Geist). Von dieser Tafel gehen dann Strahlen herab zu den in zwei Reihen (3 + 9) geordneten Aposteln. In der Mitte sitzt Petrus. Die Taube sowie die Gottesmutter fehlen[3]. Letztere ist auch bei der Himmelfahrt nicht dargestellt.

Reich illustrirt ist die Apostelgeschichte, noch mehr die Apokalypse. Die Briefe haben nur wenige Figuren[4].

Fol. 172. Grosses Marienbild, bei dem unten ein kleiner Mann in grauem Kleide mit Tonsur und Mantel kniet. Es ist der Maler dieser Bilder oder der Besteller. Vgl. Fol. 72.

XIX, B. Die Schlussverse sowie die Inschriften um die Miniatur des Titelblattes erklären den In-halt dieser Handschrift[5]. Demnach handelt es sich um eine von Propst Heinrich von Schäftlarn in Bayern an den Kaiser Friedrich II. gerichtete Mahnung, den gelobten Kreuzzug anzutreten. Das 204 × 157 mm grosse Titelblatt ist in rothen Conturstrichen aus-geführt, der Mantel des Herrschers ist blau, Kreuz, Krone, Reichsapfel und das dargereichte Buch sind vergoldet.

———

[1] Liber Iohis Georg, filius quondam Dni Bartholomei sel Angeli.

[2] *Seroux d'Agincourt* tav. cIII n. 23.

[3] Ibid. n. 24.   [4] Ibid. n. 25 s.

[5] Hunc librum fecit ad laudem Cunctipotentis
Scribere prepositus Enricus Seefdelerensis;

le second un habit vert, un manteau bleu, des ailes vertes et bleues. Le Christ porte une robe lilas et une croix rouge dans son nimbe. Sa mère a un voile bleu, la femme devant la Ste. Vierge un voile rouge et une robe bleue. Les deux hommes aux côtés du Sauveur et un juif dans le groupe vis-à-vis du Christ ont des habits verts. Le manteau du premier juif dans ce groupe est rouge, son bonnet vert, le manteau du troisième, au coin, bleu. L'encadrement est vert et rouge. Les vête-ments sont rehaussés de blanc ou ornés de points, rangés par trois. Les cheveux sont brun-rouge, les longues barbes des deux juifs grises.

Fol. 65. Le crucifiement. La croix écartèle le fond. Le premier et le quatrième quartier sont d'argent, les deux autres d'or.

Fol. 72. Le Sauveur devant un bateau dans lequel il y a quatre apôtres. Il tient une banderole avec le nom du propriétaire ou de l'enlumineur du livre[1].

Fol. 77. Lazare enveloppé dans des langes verts et debout dans un sarcophage est soutenu par un juif. A la droite on voit un autre juif, à la gauche un troisième, un quatrième, au fond des bâtiments vis-à-vis de ce groupe. Madeleine, agenouillée près du sarcophage, regarde le Sauveur, qui est suivi de deux apôtres[2].

Fol. 85. La Pentecôte. Le buste du Christ apparaît en haut dans un cercle, au-dessus d'une table qui porte la légende „Ses Sps." (le St. Esprit). De cette table des-cendent des rayons sur les apôtres rangés en deux rangs, trois et neuf. St. Pierre est assis au milieu. La colombe et la Ste. Vierge manquent[3]. La dernière ne se trouve pas non plus dans l'Ascension.

Les actes sont illustrés richement, l'apocalypse a encore plus de miniatures, les épîtres en ont peu[4].

Fol. 172. Grande image de la Ste. Vierge, devant elle à genoux un petit personnage en habit gris, portant une tonsure et un manteau. C'est le peintre ou le proprié-taire de ce livre. Voyez fol. 72.

XIX, B. Les vers placés à la fin de livre et les légendes autour de la miniature du titre in-diquent le contenu de ce manuscrit[5]. C'est une ex-hortation, adressée par le prévôt de Schäftlarn à l'em-pereur Frédéric II pour l'engager à entreprendre la croisade promise. Le titre, grand de 204 × 157 mm, est dessiné en contours rouges. Le manteau de l'empereur est bleu, la croix, la couronne, le globe et le livre présenté sont dorés.

———

Obque Dionisii preciosi testis honorem
Esse Deum pete lector ei placabiliorem.
Fridericus Romanorum Imperator · Heinricus praepositus.
Hic est depictus Rome Cesar Fridericus,
Signifer invictus, celorum regis amicus.
Caesar magnificus, pius, augustus Fridericus
De terra Domini pellit gentem Saladini
Nulli · pacificum · Saraceno · Fridericum †
Dirignt · iste · liber · ubi · sit · locus · a nece · liber.

XX.

A, B. Friderici II. tractatus de arte venandi. Cod. Vatic. Palat. lat. 1071 fol. 1 v. et fol. 77.

C. Novum Testamentum. Cod. Vatic. lat. 39 fol. 14.

XX, A, B. Friedrichs Abhandlung über die Falkenjagd gilt als Ueberarbeitung eines arabischen Buches[1]. Darum dürften in der vorliegenden, von einem Italiener ausgemalten Handschrift manche der mit auffallender Naturwahrheit abgebildeten Vögel, Thiere, Falkoniere und Jagdscenen durch eine arabische Vorlage beeinflusst sein. Der Maler sucht mehr die richtige Charakteristik der Thiere und ihre Behandlung als elegante Effekte. Vögel gelingen ihm besser als Vierfüssler. Nach Fol. 94 liess er viele der die Ränder füllenden Illustrationen unvollendet. Die vollendeten haben in beiden Theilen des Buches leider durch starke Benutzung Schaden gelitten.

Fol. 1 v. Tafel XX, B, 100 × 70 mm. Der Kaiser trägt einen blauen, schwarz schattirten Mantel mit weissem Futter, ein violettes mit Weiss gehöhtes, schwarz schattirtes Kleid mit gelbem Saum und Besatz, sowie ein rothes Unterkleid. Das rothe Kissen hat weisse und schwarze Striche. Die Stützen des hellgrünen Thrones sind gelbroth.

Die Falkoniere (Tafel XX, A, 90 × 215 mm) knien auf dem untern Rande des 77. Blattes. Der erstere hat einen blauen Mantel und ein rothes Kleid, der andere einen rothen Mantel. Ihre Handschuhe sind braun, ihre Vögel braun und weiss.

XX, C. Vgl. oben S. 37, Fol. 14.

XX, A. B. Le traité de la fauconnerie, composé par Frédéric II, est le remaniement d'un livre arabe[1]. De même les représentations très naturelles des animaux, des fauconniers et des scènes de chasse, peintes par un Italien, sont peut-être des imitations de miniatures arabes. L'artiste cherche plutôt qu'à produire des effets brillants. Les oiseaux sont mieux réussis que les autres animaux. Ses miniatures remplissent les marges; mais après le folio 94 il y en a beaucoup d'inachevées. Celles qui sont achevées ont perdu leurs couleurs par l'usage fréquent du livre.

Fol. 1 v. Planche XX, B. 100 × 70 mm. L'empereur porte un manteau bleu, ombré de noir et doublé de blanc, une tunique violette, relevée de blanc, ombrée de noir, et ornée de bordures jaunes: sa tunique de dessous est rouge comme son coussin, qui a des traits blancs et noirs. Les soutiens du trône vert-clair sont d'un rouge-jaune.

Les fauconniers (planche XX. A; 90 × 215 mm) sont agenouillés sur la marge du fol. 77. Le premier porte un manteau bleu et un habit rouge, l'autre un manteau rouge. Les gants sont bruns, les oiseaux bruns et blancs.

XX. C. Voyez pag. 37, fol. 14.

XXI.

Decretales. Cod. Vatic. Palat. lat. 629 fol. 262.

Das auf gross Folio geschriebene Buch stammt mit seinen Miniaturen, figurirten Initialen und Randverzierungen aus dem 13. Jahrhundert und wahrscheinlich aus Bologna; denn die dortigen Illuminatoren liebten blaue Hintergründe mit schmalen, weissen Randstreifen, wie sie in unserer Tafel hinter dem Bischofe erscheinen. Die Zeichnung ist voll Wechsel und Individualität, die reinen Deckfarben sind in lichten Tönen fein vertheilt. Hier und da (besonders für die leider verdorbenen ersten Blätter) scheinen byzantinische Vorbilder benutzt worden zu sein.

Fol. 260 v. und 261. Zwei schöne Stammtafeln auf dunkelblauem Grund mit vielem Grün in den Ge-

Les miniatures, les initiales figurées et les bordures de ce livre grand in-folio sont du XIII° siècle et probablement de Bologne; car les enlumineurs de cette ville aimaient les fonds bleus avec de petits traits blancs, près des marges, comme on les trouve dans notre planche à côté de l'évêque. Le dessin est plein de variété et d'originalité. Les couleurs fines et opaques sont employées en tons clairs et purs. Des modèles byzantins semblent avoir exercé leur influence par ci par là, principalement dans les premières feuilles malheureusement très détériorées.

Fol. 260 v. et 261. Deux magnifiques tables généalogiques sur un fond bleu-foncé et avec beaucoup de

---

[1] *Seroux d'Agincourt* tav. LXXIII. *Ducange*, Glossarium I. Archiv XII, 350.

sichtern [1], wohl von anderer Hand gemalt als Fol. 262. Aehnliche Tafeln finden sich häufig in solchen Büchern. Fol. 262. Tafel XXI. Der sitzende Bischof hat eine rothe Chorkappe, der vor ihm sich beugende Mönch einen braunen Mantel, der Cleriker, welcher das rothe, geschlossene Buch hält, ein hellblaues Kleid und einen lilafarbigen Mantel. Das Kleid des letzten Mannes ist hellgrün, die Architektur hellgelb, zwischen den Zinnen aber blau, der auf ihr ruhende Vorhang roth. Der stehende Bischof neben dem Text hat eine grauviolette Casel, eine röthliche Albe mit goldenem Besatz, ein blaues Buch und eine grünliche Soutane.

vert dans les visages. Elles sont peut-être d'une autre main que la miniature du folio 262. Des tables semblables se rencontrent souvent dans ces sortes de manuscrits. Fol. 262. Planche XXI. L'évêque assis porte une chape rouge, le moine qui s'incline devant lui, un manteau brun. Le clerc qui tient le livre rouge et fermé, a une soutane bleu-clair et un manteau lilas. L'habit du dernier personnage est vert-clair, l'édifice jaune-clair, mais bleu entre les créneaux. Le rideau est rouge. L'évêque à côté du texte porte une chasuble gris-violet, une aube rougeâtre, ornée d'or, un livre bleu et une soutane verdâtre.

XXII.

Biblia. Cod. Vatic. lat. 3550. Vol. I. fol. 44.

Die drei Folianten dieser Bibel sind auf die reichste, leider nicht durchgeführte Illustration angelegt. Hat doch der I. Band anfangs fast auf jedem Blatte zwei bis drei Miniaturen, später weniger, bis das Geld des Auftraggebers zu Ende ging und sein italienischer Maler die Arbeit aufgab. Die fertigen Miniaturen reichen bis zum Buche Josue, Fol. 120 v., die unvollendeten bis ins Buch der Richter, Fol. 130 v. Von Fol. 131 an fehlen die Illustrationen. Der II. Band hat keine Miniaturen, aber Initialen und Goldleisten bis zum Buche Esdras. Im III. Bande finden sich weder Bilder noch Initialen; ihr Raum bleibt unausgefüllt. Am Ende dieses Bandes meldet eine Unterschrift, der Cölestinerabt Matthäus habe das grosse Werk schreiben lassen; es sei im zweiten Jahre seiner Amtsführung vollendet worden durch den Priester Georg von Neapel [2]. Ueber den Maler wird nichts gemeldet.

Die unvollendeten Bilder zeigen die Technik des Miniaturisten. Sie zerfallen in drei Klassen: 1. Nur mit der Feder in festen Conturen mit Angabe der Falten, Augen u. s. w. angelegte Bilder. 2. An den Stellen, welche vergoldet werden sollen, ist eine dicke, hellbraune Schichte aufgelegt. Auf Fol. 121 v. und 123 v. ist diese Schicht versilbert und über das Silber noch unpolirtes Gold gelegt. Ob überall Gold mit Silber unterlegt ist, war nicht festzustellen. Fol. 32 v. und in andern Bildern ist die Rüstung der Ritter silbern. Die ganz ausgeführten Miniaturen haben im Hintergrund Gold oder Muster oder perspectivisch gezeichnete Innenräume, zuweilen auch Landschaften. Feine schwarze Conturen sind wiederum

On avait eu l'intention d'orner le plus richement possible les trois volumes in-folio de cette bible. Mais on n'en vint pas à bout. Le Iᵉ volume a au commencement deux à trois miniatures sur chaque feuille, mais bientôt leur nombre diminue, et quand l'argent destiné pour cette oeuvre fut épuisé, l'enlumineur italien, d'ailleurs plein de talent, abandonna le travail. Les miniatures achevées vont jusqu'au livre de Josué fol. 120 v., celles qui ne sont qu'à moitié achevées jusqu'au livre des Juges fol. 130 v. On n'en trouve plus dès le folio 131. Le IIᵉ volume n'a point de miniatures, il a des initiales et des bordures dorées seulement jusqu'au livre d'Esdras. Dans le IIIᵉ on ne trouve ni miniatures, ni initiales; leur place reste vide. A la fin de ce volume une note nous apprend que Mathieu, abbé des Célestins, fit écrire ce grand ouvrage et qu'il fut terminé dans la seconde année de son gouvernement par le prêtre Georges de Naples [2]. Elle ne dit rien du peintre.

Les miniatures inachevées montrent le procédé technique de l'enlumineur. Il y en a de trois sortes: 1. Des dessins faits à la plume en contours fermes, qui indiquent les plis, les yeux etc. 2. Les endroits, qu'on voulait dorer, ont reçu une couche épaisse et brune. 3. On a mis sur cette couche (fol. 121 v. et 123 v.) de l'argent et sur l'argent de l'or non encore poli. Il n'est pas possible de constater, si tous les endroits dorés du manuscrit ont été d'abord argentés. Fol. 32 v. et dans quelques autres miniatures l'armure des chevaliers est en argent. Le fond des miniatures achevées est doré, il s'y trouve des dessins géométriques, ou des intérieurs d'une bonne perspective, quelquefois aussi des paysages. De fins contours noirs recouvrent les couleurs opaques.

---

[1] Cfr. p. 4.

[2] Auftraggeber: Frater Matheus de Planisio, monachus ordinis Celestinorum. Vollendet: Anno secundo officii abbacie

predicti fratris Mathei in prefato ordine. Geschrieben: per manus dompni Georgii sacerdotis de Neapoli.

auf die vollendeten Deckfarben gesetzt. Die Ränder tragen Thiere, phantastische Gestalten und Borduren voll fester Ranken. Der Maler verwendete viel starkes Roth und Blau, aber auch leichtere Farben: helles Grün, Lila und lichtes Gelb. Sie gehen in den streng stilisirten Falten aus Weiss bis in die kräftigsten Töne. Gott hat er mit zwei Gesichtern, einem älteren, bärtigen und einem jüngern, dargestellt und ihm eine Taube auf die Schulter gestellt, um die heiligste Dreifaltigkeit zu kennzeichnen.

Tafel XXII, mit zwei Reihen Text 110 × 230 mm. Rechts besprengt Moses das Volk, links kniet er vor Gott. Im erstern Bilde hat er ein purpurrothes Kleid und einen goldenen Nimbus. Die Kleider der Menge sind grau, blau, röthlich, lila, grün und roth, die Haare blond oder weiss. Vom dunkelblauen Hintergrund heben sich die Berge und Altäre fast weiss ab. Der erste Altar ist an der Vorderseite mit Roth und Blau verziert, der Rahmen ist golb.

Im zweiten Bilde hat Moses einen rothen Mantel, sein Diener wie im ersten Bilde ein hellgraues Kleid. Gott trägt helle, mit Gold gesäumte Kleider. Der Hintergrund ist mit Gold, Blau und Purpur schräg gewürfelt, der Berg hellgrau, der Kugelabschnitt, worauf Gott steht, hellblau.

Die Handschrift kam durch das Testament des Cardinals Caraffa in die Vaticanische Bibliothek. Oft kehrt im untern Rande ein Wappen wieder, dessen rothes Schild einen silbernen oder goldenen Querbalken hat und blaue Einfassung. Im Schilde finden sich oben und unten je drei (1, 2 und 2, 1) silberne oder goldene Kugeln, im Rande oben und unten je fünf Quadrate in Silber oder Gold.

Les marges portent des animaux, des figures fantastiques et des bordures remplies de rinceaux. Le peintre a employé beaucoup de rouge et de bleu, mais aussi des couleurs plus légères: du vert-clair, du lilas et du jaune. Dans ses plis d'un style assez sévère les couleurs vont du blanc jusqu'aux tons les plus foncés. Il dessine la figure de Dieu avec deux visages, l'un barbu et âgé, l'autre plus jeune. Une colombe sur l'épaule complète cette représentation bizarre de la Trinité.

Planche XXII, avec deux lignes de texte 110 × 230 mm. A droite Moïse asperge le peuple, à gauche il est agenouillé devant la très Ste. Trinité. Il porte dans la première miniature un habit de pourpre et un nimbe doré. Les vêtements du peuple sont gris, bleus, rougeâtres, lilas, verts et rouges, les cheveux blonds ou blancs. Des montagnes se détachent du fond bleu-foncé. Elles sont comme les autels presque blanches. Le devant du premier autel est orné de rouge et de bleu, l'encadrement est jaune.

Dans la seconde miniature Moïse a un manteau rouge, son serviteur, comme dans la première, un habit gris-clair. Dieu porte des vêtements clairs, ornés d'or. Le fond est carrelé d'or, de bleu et de pourpre, la montagne gris-clair, le segment de globe, sur lequel Dieu est debout, bleu-clair.

Le manuscrit devint la propriété de la Vaticana par le testament du Cardinal Caraffa. On y voit souvent dans la marge inférieure des armoiries, dont le champ de gueules est barré d'argent ou d'or, la bordure est d'azur. Dans le champ se trouvent en haut et en bas trois globes (1, 2 et 2, 1), dans la bordure dix carrés d'or ou d'argent.

XXIII.

A. Breviarium. Cod. Vatic. Palat. lat. 537 fol. 114.

B. Bibliorum epitome. Cod. Vatic. Reg. lat. 25 fol. 29 v.

XXIII, A. Der Kalender dieses Laienbreviers des 14. Jahrhunderts enthält viele englische Heilige, der Text ausser lateinischen Gebeten auch französische. Eine wohl noch dem 16. Jahrhundert angehörende deutsche Vorrede über Inhalt und Einband zeigt, dass das Buch früh nach Deutschland kam. Die Miniaturen sind gut stilisirt und ausgeführt, die Figuren aber in die Länge gezogen. Die Hintergründe haben theils Glanzgold, in das punktirte Zeichnungen eingepresst sind [1], theils Teppichmuster.

Viele der für Bilder bestimmten Plätze sind leer geblieben. Vollendet sind folgende Miniaturen:

I. Im Officium zu Ehren des Leidens Christi: 1. zur Matutin die Gefangennehmung; 2—5. zu den kleinen

XXIII, A. Le calendrier de ce livre d'heures du XIV⁰ siècle contient beaucoup de saints anglais, le texte comprend des prières latines et françaises. Une préface allemande, probablement encore du XVI⁰ siècle, prouve que le livre parvint de bonne heure en Allemagne. Les miniatures sont d'un bon style et bien exécutées, mais les figures sont un peu trop allongées. Les fonds ont des dessins coloriés ou d'autres pointillés et imprimés sur de l'or poli.

Beaucoup de places destinées à recevoir des miniatures sont restées vides. Voici les peintures achevées:

I. Dans l'office de la passion: 1. aux matines la capture; 2—5. aux petites heures: le Christ est conduit

---

Horen Christus zu Pilatus geschleppt und zur Kreuzigung geführt, die Kreuzigung und der Tod; 6. zur Vesper die Abnahme vom Kreuze, 7. zur Complet die Grablegung. Fol. 32—35.

II. Im Officium B. M. V. 1. Gott der Schöpfer, zur Matutin; 2. oben Adam und Eva, unten die Verkündigung, zu den Laudes; 3—6. zu den kleinen Horen die Anbetung der Könige, die Darstellung Christi, die Flucht nach Aegypten und der Kindermord; 7. die Hochzeit zu Kana, zur Vesper. Tafel XXIII, A, 210 × 120 mm. Im Hintergrund polirtes Gold mit punktirter Musterung. Braun sind die Krüge; tiefblau Marias Mantel, das Kleid der neben der Braut sitzenden Frau und des Dieners unten; zinnoberroth das Futter des Kleides Christi sowie die Kleider seiner Mutter, der Braut und des Mannes in der Ecke; helllila der Mantel Christi, das Oberkleid der Braut und das Unterkleid der neben ihr sitzenden Frau; blauviolett Christi Kleid und der Mantel des Mannes in der Ecke. Der Rahmen ist blau, roth und violett. Die Gesichter, der Schleier und die Haare sind in den feinsten Federstrichen ausgeführt. 8. Christus lehrend, zur Complet. Fol. 36—125 v.

III. Fol. 134. Jesus als Richter. Fol. 136 v. Petrus empfängt am Himmelsthore viele mit einem weissen Leintuche bekleidete Auserwählte. Fol. 145 v. Teufel werfen nackte Menschen in den Rachen der Hölle.

Viele andere kleine Bildchen befinden sich in den Initialen. Das Buch schliesst mit Anima Christi und einem darauf bezüglichen Ablassvermerk [1].

XXIII, B. Die Handschrift bietet in lateinischer und französischer Sprache allegorische Erklärungen zu ausgewählten Stellen der Heiligen Schrift. Laut einem 1555 datirten Briefe ward sie von Joh. Martin Corderius aus England gebracht und dem Bischofe Anton Perrenot von Arras geschenkt. Ihre zahlreichen, von einem französischen Künstler gemalten Miniaturen haben viel Roth und Blau. In der vorliegenden (90×100 mm) ist der Hintergrund von Gold, Blau und Lila gewürfelt, der Boden grün, der Mantel des Moses roth, sein Kleid blau, bei der Figur Gottes das Kleid roth, der Mantel blau, der Nimbus golden.

---

[1] Dominus Iohannes XXII. pontificatus sui anno XIII. concessit omnibus totiens quotiens dixerint hanc orationem

à Pilate et à la croix, le crucifiement et la mort du Sauveur; 6. aux vêpres la déposition de la croix; 7. aux complies l'ensevelissement. Fol. 32—35.

II. Dans l'office de la Ste. Vierge: 1. Dieu le Créateur, aux matines; 2. en haut Adam et Eve, en bas l'annonciation, aux laudes; 3—6. aux petites heures: l'adoration des mages, la présentation, la fuite en Egypte et le massacre des Innocents; 7. les noces de Cana, aux vêpres. Planche XXIII, A. 210 × 120 mm. Au fond de l'or poli avec des dessins pointillés. De couleur brune: les cruches; de couleur bleu-foncé: le manteau de la Ste. Vierge, la robe de la femme assise à côté de la nouvelle mariée et l'habit du serviteur en bas; de couleur vermillon: la doublure de la tunique du Sauveur et les habits de sa mère, de la mariée et de l'homme du coin; de couleur lilas-clair: le manteau du Christ, la robe de dessus de la mariée et la robe de dessous de la femme à sa droite; de couleur violet-bleu: la tunique du Christ et le manteau de l'homme du coin. L'encadrement est bleu, rouge et violet. Les visages, le voile et les cheveux sont dessinés très finement au trait. 8. Le Christ enseignant, aux complies. Fol. 36—125 v.

III. Fol. 134. Jésus juge. Fol. 136 v. St. Pierre reçoit à la porte du ciel beaucoup d'élus vêtus d'un linge blanc. Fol. 145 v. Le diable précipite une foule d'hommes nus dans le gouffre de l'enfer.

Beaucoup d'autres petites miniatures se trouvent dans les initiales. A la fin du livre on trouve l'„Anima Christi" et une notice, indiquant ses indulgences [1].

XXIII, B. Ce manuscrit contient des explications latines et françaises d'endroits choisis de la bible. Une lettre datée de 1555 dit qu'il fut apporté d'Angleterre par Jean Martin Corderius et présenté à l'évêque Antoine Perrenot d'Arras. Les miniatures nombreuses, exécutées par un artiste français, ont beaucoup de rouge et de bleu. Dans celle, que nous donnons (90 × 100 mm), le fond est d'or, bleu et lilas, la terre verte, le manteau de Moïse rouge, son habit bleu, Dieu est représenté avec un habit rouge, un manteau bleu et un nimbe doré.

de indulgentia peccatorum criminalium tria milia dierum et de venialibus mile annos. Quae oratio fuit publicata Avinione die Jovis sancta per dictum Papam anno Domini 1313.

Abendländische Miniaturen des 15. und 16. Jahrhunderts.

Tafel XXIV—XXX.

Miniatures du XVe et XVIe siècle en Occident.

Planches XXIV—XXX.

TAFEL XXIV bis XXVIII bieten sechs Miniaturen aus fünf italienischen Handschriften des 15. Jahrhunderts. Die beiden ersten finden sich in Büchern, welche für den Gebrauch eines Papstes und eines Bischofs bestimmt waren. Ihnen verwandt ist ein werthvolles Pontificale. Seine vortrefflichsten Bildchen schildern die kirchlichen Ceremonien[1]. Ihre Kleinheit bereitet einer genügenden photographischen Aufnahme grosse Schwierigkeiten. In einem spätern bischöflichen Missale erinnern die Miniaturen an Tafel XXVII, B[2].

Ein Lütticher Missale mit einem unbedeutenden Canonbilde ist durch ein Wappen auf den Schliessen als Eigenthum eines der Bischöfe von der Mark gekennzeichnet[3].

Die sogenannte „Bibel des Pinturicchio" (Tafel XXVI) ist ein Buch ersten Ranges. Bedeutend sind auch eine Handschrift mit Gedichten und Bildern zur Verherrlichung Julius' II., ein für Sixtus IV. geschriebener Origines, ein Aristoteles und ein Psalterium mit vielen feinen Bildern, worin die Gotik in die Renaissance übergeht[4].

Zwei Handschriften aus der Bibliothek des Königs Corvinus machen ihrem ehemaligen kunstsinnigen

LES planches XXIV—XXVIII reproduisent six miniatures de cinq manuscrits italiens du XVe siècle. Les deux premières sont prises de livres destinés à l'usage d'un pape et d'un évêque. Un „Pontificale" précieux leur ressemble. Ses images superbes représentent les cérémonies ecclésiastiques[1]; mais elles sont si petites qu'il parut presque impossible d'en obtenir une bonne phototypie. Dans un missel épiscopal plus récent les miniatures se rapprochent de la planche XXVII, B[2].

Un missel de Liège n'a qu'une miniature médiocre vis-à-vis du canon. Des armoiries sur ses fermoirs prouvent qu'il appartenait à un des évêques von der Mark[3].

La „bible", attribuée à Pinturicchio" (planche XXVI), est un livre de premier ordre. Très importants sont aussi un manuscrit, contenant des poésies et des peintures en honneur de Jules II, un Origène, écrit pour Sixte IV, un Aristote et un psautier avec beaucoup de miniatures fines, dans lesquelles on passe du style gothique à celui de la renaissance[4].

Deux manuscrits de la bibliothèque du Roi Corvin font honneur à leur ancien propriétaire, qui aimait

---

[1] Cod. Vat. lat. 1145 Liber pontificalis ordinis, quem reverendus Pater Dominus Guilelmus Durandi, episcopus Mimatensis reformavit. Saec. XV. Fol. 1.

Codice pontificis ritus describitur isto,
Pergamenus praesul Barott explere Iohannes
Quem vigili cura sumptu non territus ullo
Fecit et aeterno cartas ditavit honore.

Iohannes Barozzi (Bischof von Bergamo) 1449—1465 († Venetiis 1466). Cfr. Vat. lat. 3748 Benedictionale. — Vat. lat. 4764—4769 Pontificalia. Saec. XV.

[2] Vat. lat. 3805 Missale. Saec. XVI. — Vat. lat. 3807

Pars Missalis. Saec. XVI. habet insignia Cardinalis alicuius, quae etiam 3805 occurrunt.

[3] Vat. lat. 3808 Missale Leodiense. Saec. XV.

[4] Vat. lat. 1587. Saec. XVI. in. Seroux d'Agincourt tav. LXXX. Labarte l. c. III, 260. — Vat. lat. 214 Origines. Saec. XV. ex. Seroux d'Agincourt tav. LXXVI n. 5. 6. — Vat. lat. 2094 Aristotelis historia animalium. Saec. XV. ex. Seroux d'Agincourt tav. LXXVI n. 2—4. — Vat. lat. 3467 Psalterium. Saec. XV. In fine: Ioannes M. Cynus Parmensis exscripsit. — Vat. lat. 3732 Poghil ad Leonem X. de veri pastoris munere. Saec. XVI. in.

Besitzer alle Ehre. Die zweite ward 1487 durch den Priester Martinus Antonius vollendet [1].

Aus der Menge der illustrirten Breviere ist Tafel XXVIII, A ein Titelblatt gegeben. Bedeutendere Leistungen habe ich in ihnen nicht gefunden [2], wohl aber in den „Livres d'heures", die hier wie anderswo zahlreich vertreten sind. Tafel XXVIII, B sind aus einem italienischen, XXIX aus einem flämischen Laienbrevier Proben gegeben. Mittelgut ist das nordfranzösische oder flämische von Paul V. der Bibliothek überwiesene [3].

Die letzte Tafel gibt eine aus Süddeutschland stammende Miniatur. Von dort kommen auch zwei in Conturzeichnung ausgeführte Ausgaben des Speculum humanae salvationis. Eine dritte ist laut der barbarischen Schlussschrift 1420 ausgemalt worden [4]. Diesen drei Büchern verwandt ist eine Biblia pauperum, welche laut den Eintragungen über Heinrich und Kunigunde und die Errichtung des Bisthums zu Bamberg im Bambergischen entstand [5].

Aus einem der werthvollsten Bücher der Vaticana, dem reich illustrirten Dante, sind Tafel XXVII zwei Bilder geboten. Andere mit Bildern versehene Ausgaben des grossen Dichters haben geringern Werth. An einer aus der Bibliothek der Orsini herrührenden, leider unvollendeten haben zwei Maler gearbeitet, von denen einer noch dem gotischen Stile treu blieb [6].

Zahlreiche Prachthandschriften der alten Klassiker sind mit Initialen, Ziertiteln und Bildern verziert;

tant les arts. Le second fut achevé en 1487 par le prêtre Martin Antoine [1].

La première page d'un des nombreux bréviaires illustrés est donnée planche XXVIII, A. Je n'ai pas rencontré dans ces bréviaires des miniatures de grande importance [2], tandis que les livres d'heures en ont de bonnes. Planche XXVIII, B est tiré d'un livre d'heures italien, XXIX d'un livre flamand. Il faut remarquer celui que la Bibliothèque doit à Paul V, et qui provient de la France ou de la Flandre [3].

La dernière planche reproduit une miniature du Sud de l'Allemagne. De là viennent aussi deux éditions du „Speculum humanae salvationis" dessinées au trait. Selon la notice de la fin, une troisième avait été peinte en 1429 [4]. Ces trois livres ressemblent assez à une „Biblia pauperum". Cette Bible doit avoir été écrite dans le diocèse de Bamberg, puisque on y trouve des notices regardant St. Henri, Ste. Cunégonde et la fondation de leur évêché [5].

Nous publions à la planche XXVII deux miniatures d'un des plus précieux manuscrits de la Vaticana, d'un Dante illustré. Les autres éditions illustrées du célèbre poète ont moins de valeur. Deux peintres, dont l'un resta fidèle au style gothique, ont travaillé à un exemplaire inachevé, provenant de la bibliothèque des Orsini [6].

Un grand nombre de beaux manuscrits des anciens auteurs classiques ont des initiales, des titres

---

[1] Vat. Urb. lat. 110 Missale fratrum minorum. Saec. XV. — Vat. Urb. lat. 112 Breviarium. *Fraknói*, Matthias Corvinus (Freiburg 1891) S. 297 f. Centralblatt für Bibliothekswesen III (1888), 209 f. Corvinische Handschriften von Attavantes.

[2] Cod. Vat. lat. 4752 Breviarium Franciscan. Saec. XV. in. Cum picturis in litteris ornatis. — Vat. lat. 4759 Breviarium. Saec. XV. Picturae italicae bonae. In marginibus flores auro ornati. — Vat. lat. 4760 Breviarium Franciscan. Saec. XV. med. Cum picturis italicis bonis. — Vat. lat. 4761 Breviarium Franciscan. Saec. XV. med. Cum bonis picturis italicis in litteris ornatis et insignibus Cardinalis Rovere (Sixti IV.?). — Vat. lat. 7826 Diurnale. Saec. XV. Cum litteris ornatis mediocriter pictis. — Cfr. Vat. lat. 5590 sq. Breviarium etc.

[3] Vat. lat. 3780. Saec. XV. ex. In litaniis: S. Amante, Donate, Remigi, Leonarde, Eligi, Egidi, Elisabeth, Ursula, Martha. In Calendario: S. Bonifacius cum sociis, S. Livinus episcopus, S. Nichastus episcopus. Calendarium sequuntur orationes italice scriptae. — Vat. lat. 4763 Preces, officia etc. cum orationibus lingua germanica scripta. — Reg. lat. 1737. — Pal. lat. 538. 540. Saec. XV. in. Cum notis de aliquo comite Gebennensi et cum orationibus lingua gallica conscriptis. — Ottob. lat. 544. 545. Saec. XV. Picturae italicae minoris notae. N. 455 habet in fine: Frater Antonius de Yporegia, ordinis minorum 1469 in civitate Regii, tempore beatissimi Papae Pauli secundi. — Ottob. lat. 548 Liber precum. Saec. XV. ex. Picturae anglicae notae minoris.

[4] Cod. Vat. Pal. lat. 413 Saec. XV. In fine proemii: „Praedictum prohemium de contentis huius libelli compilari et propter pauperes praedicatores apponere curavi. Qui si forte nequiverint totum librum comparare, si sciunt historias, possunt ex ipso prohemio praedicare." — Pal. lat. 1806. Initio copia chartae anni 1891 ad episcopum Augustanum. In altera chartae parte adscriptum est: „Item pictor incepit in inventione sancti Stephani. Item dederunt sibi III gr. Item laboravit octo dies. Item venit eque in octava Laurentii." Item notae inferioris. — Reg. lat. 99. Anni 1429. Figurae simillimae figuris adpictis codici praecedenti, sed melioris notae. In fine:
Fieri fecit noster Petrus deque Vitali
Maioris cantor ecclesiae Cassaquenensis.
Speculum humanae salvationis. Le plus ancien monument de la xylographie et de la typographie réunis. Reproduit en fac-similé avec introduction historique et bibliographique par *Berjean*. London 1861; *A. de Vries*, Brief aan A. D. Schinkel over Guichard's Notice sur le Speculum. 's Grav. 1841.

[5] Pal. lat. 871 Historia veteris et novi testamenti. Saec. XV. in. — Cfr. Ottob. 479 Compilatio librorum historiarum veteris et novi testamenti.

[6] Cod. Vat. lat. 4776. Saec. XV. — Reg. lat. 1896. Saec. XV. ex. Archiv XII, 326. Picturae aliquae penna delineatae. — Ottob. 2856. Saec. XV. Commentaria. — Cfr. Vat. lat. 3157 Petrarchae triumphus. Saec. XV. Picturae bene delineatae coloribus levibus adumbratae. — Urb. lat. 681 Petrarca.

doch habe ich sie nicht eingehender untersuchen können, vermag deshalb nur eine Anzahl Nummern illustrirter Ausgaben anzugeben, wobei mir eine in der Vaticana freundlichst mitgetheilte Liste als Grundlage diente [1].

ornés et des miniatures. Je n'ai pu les examiner, et je ne donne que les numéros en complétant plus ou moins une liste, qu'on a bien voulu mettre à ma disposition [1].

XXIV.

Caeremoniale. Cod. Vatic. lat. 3747 fol. 39 v.

Die Handschrift enthält auf 43 Blättern die Gebete, welche der Papst bei Anlegung der heiligen Gewänder verrichtet, sowie zehn je eine Seite füllende, auf glattem Goldgrund stehende Miniaturen als Illustrationen. Sie ist laut der Umschrift der letzten Miniatur (Tafel XXIV, 125 × 170 mm) [2] für Papst Bonifatius IX. geschrieben. Vielleicht ward sie von dem berühmten Mönch der Isles d'Or, aus der genuesischen Familie Cibo († 1412), ausgemalt [3].

Der Papst trägt einen rothen Chormantel und eine weisse Mitra mit goldenen Säumen. Der Akolyth zu seiner Rechten ist weiss gekleidet, der andere roth. Die gemusterten Chorkappen der acht Bonifaz IX. umgebenden Bischöfe sind rothviolett, blauviolett, roth, blau (kaum sichtbar), grün, roth, blau und mit reichen Besatzstreifen verziert. Vor dem Papst hängt ein blauer, gemusterter Teppich, in der Mitte der weissen, mit eingelegten Verzierungen versehenen Galerie. Die Kleider der im Vordergrunde stehenden Leute sind roth, schwarz, violett, blau, grau, roth, grün und weiss. Im Rande sind um den Gekreuzigten in Brustbildern Maria, die Evangelisten, drei Apostel und drei Erzengel, die vier lateinischen Kirchenväter und zwei Ordensstifter angebracht. Die goldenen Inschriften stehen auf Purpurgrund. Das eine Wappenschild hat ein schwarzes Kreuz in Roth mit vier Paaren weisser Schlüssel, das andere auf Roth einen von Blau und Silber geschachteten Schrägbalken. Es sind die Wappenschilde der Cibo, doch um die päpstlichen Schlüssel vermehrt.

Le manuscrit contient sur 43 fouilles les prières que le Pape dit en se vêtant. Le texte est illustré de dix miniatures de pleine page, peintes sur un fond d'or poli. La légende de la dernière miniature (planche XXIV, 125 × 170 mm) dit que le livre a été écrit pour le Pape Boniface IX [2]. Le célèbre moine des Isles d'Or, de la famille des Cibo de Gênes († 1412), en est peut-être l'enlumineur [3].

Le Pape porte une chape rouge et une mitre blanche bordée d'or. L'acolyte de droite est vêtu de blanc, l'autre de rouge. Les chapes des huit évêques, qui entourent Boniface IX, sont violet-rouge, violet-bleu, rouges, bleues (à peine visible), vertes, rouges, bleues; elles sont toutes ornées de riches bordures. Un tapis bleu et à dessins est suspendu devant le Pape au milieu de la galerie blanche et décorée d'ornements enlacés. Les vêtements des hommes au bas de la peinture sont rouges, noirs, violets, bleus, gris, rouges, verts et blancs. Dans l'encadrement autour du crucifix on trouve la Ste. Vierge, les évangélistes, trois apôtres, trois archanges, les docteurs latins de l'église et deux fondateurs d'ordres religieux. Les légendes sont dorées sur fond pourpre. Le premier écusson a dans un champ de gueules une croix noire et quatre paires de clefs blanches croisées, l'autre une bande casée d'azur et d'argent. Ce sont les armoiries des Cibo, enrichies des clefs pontificales.

[1] Apuleius Vat. 2194. — Aristoteles Vat. lat. 2085. 2094 (cfr. supra p. 43 Nota 4). 2142. Urb. lat. 223. — Arrian. Vat. lat. 5268. — Caesar Pal. 882. Saec. XV. Cum picturis insignibus. — Cicero, In Verrem. Vat. 1753. — Curtius Vat. 1869. — Diodor. Vat. 1810. — Dionys. Halic. Vat. 1819. — Eutrop. Vat. 1984. — Florus Vat. 1859. — Frontin. 7230. Saec. XV. in. — Gellius Ottob. 2019. Saec. XV. Codex olim Attemps. — Iustin. Pal. 901. Saec. XV. Cum pictura. — Livius Vat. 1848. 1853 sq. Reg. 719. 720. 721 Gallic. Pal. 872 usque ad 878. Saec. XV. Cum picturis. — Orosius Vat. 1076. — Ovid. Ott. 1433. Saec. XIV. — Plautus Vat. 1629. 1632 sq. 3870. 5210. Ottob. 2003. Saec. XV. Cum picturis. Codex olim Attemps. — Plinii Epistolae Vat. 1777. — Polybius Pal. 911. Saec. XV. Cum picturis. — Quintilian. Vat. 1766. — Rufus Pal. 914. 915. 916, Saec. XV. — Sallust. Pal. 885. Saec. XV. Cum picturis. — Senecae Epistolae Vat. 2218. Tragoediae Reg. 1680 et Ott. 1585. Saec. XIV. Seroux d'Agincourt tav. LXXIV n. 1—5. Scriptus per manus Petri de Nurnberga. — Sallustius Vat. 6258. — Sozomenos Vat. lat. 1969. — Strabo Vat. 2049. — Terentius Vat. 3226. — Valerius Maximus Pal. 902. 906. Saec. XV. Cum pictura. — Virgilius Vat. 3255. Saec. XV./XVI.

[2] Sanctissimus Dominus noster summus pontifex · Bonifatius nonus fecit fieri hunc librum · ad honorem et gratiam sanctissime Trinitatis · et sui pontificatus.

[3] Seroux d'Agincourt tav. LXXV n. 3.

XXV.

Pontificale. Cod. Vatic. Ottobon. lat. 501 fol. 11.

Dass dies Pontificale (360 × 250 mm) nicht, wie der Katalog angibt, von Perugino stammt, hat bereits Seroux d'Agincourt bemerkt[1]. Leider blieb es unvollendet. Schon auf der ersten Seite vermisst man das Bild, auf den ersten Blättern die Initialen. Fol. 83 ist die Miniatur nur halb fertig. Fol. 98 bis 208 blieb der Platz für Miniaturen und Initialen frei. Der Schluss fehlt. Die vorhandenen Bilder sind schön und streng, aber meist durch Anfassen mit feuchten Fingern verdorben. Sie illustriren die Ceremonien des Pontificale, füllen ¹/₂—¹/₃ Seite und stehen zwischen je zwei einen Architrav tragenden Pfeilern. Der Maler, vielleicht ein Florentiner, hat seine Farben trotz der starken Töne harmonisch gestimmt. Er liebt Blau und ein helles Purpurroth, die er mit Gold höhte. Die Gewänder, Teppiche und Vorhänge musterte er reich mit Gold. Im Vordergrunde lässt er Affen, Hunde und Kaninchen mit den Chorknaben spielen.

Fol. 11, Tafel XXV (320 × 310 mm). Der blaue Altarvorhang ist mit Gold und Weiss gemustert, der Teppich grün. Der Behang des Lesepultes und das Altartuch haben in Weiss rothe und blaue Stickereien. Die Seutane des ein Rauchfass tragenden Chorknaben ist blau, das Kleid des neben ihm stehenden Sängers, die Casel des Bischofs und das Pluviale seines Assistens sind roth und mit Gold gehöht. Das Futter und der Kragen des Sängers, das Buch des Bischofs und die Chorkappe des Stabträgers sind grün. Drei Personen im Hintergrund tragen rothe Kopfbedeckungen. Golden sind die Mitra, das Rauchfass, die Geräthe und der Aufsatz des Altares sowie die Ornamente der dunkelgrünen Pilaster. Die Verzierungen unten und oben sind in Gold und Weiss auf einen Purpurgrund gemalt, welcher rings um den Rahmen in Weiss übergeht. Der Text ist in Gold, Roth und Schwarz geschrieben.

Seroux d'Agincourt a remarqué avec raison que ce „Pontificale" (360 × 250 mm) n'a pas été illustré par le Pérugin, quoiqu'en dise le catalogue[1]. Ce livre magnifique ne fut pas achevé. On regrette déjà à la première page l'absence de la miniature et aux premières feuilles celle des initiales. La miniature du folio 83 n'est qu'à moitié achevée. Fol. 98 à 208, la place des miniatures et des initiales resta vide. La fin manque. Presque toutes les miniatures achevées, si belles et si sévères, ont été gâtées par l'attouchement de doigts mouillés. Elles illustrent les cérémonies du Pontifical, remplissent la moitié ou le tiers d'une page, et sont placées entre deux pilastres, qui portent une architrave. L'enlumineur, probablement un Florentin, a donné à ses couleurs une belle harmonie malgré leurs tons assez forts. Il aime le bleu et le pourpre, rehaussé d'or, et donne aux vêtements, aux tapis et aux rideaux des dessins dorés. Au premier plan des miniatures des singes, des chiens et des lapins jouent avec les enfants de choeur.

Fol. 11, Planche XXV, 320 × 310 mm. Le voile bleu de l'autel a des dessins blancs et dorés, le tapis est vert. Les couvertures blanches du pupitre et de l'autel ont des broderies rouges et bleues. La soutane de l'enfant de choeur, qui porte l'encensoir, est bleue. L'habit du chantre près de lui, la chasuble de l'évêque et la chape de son assistant sont rouges, rehaussés d'or. La doublure et le collet du chantre, le livre de l'évêque et la chape du porte-crosse sont verts. Trois personnes du fond portent des bonnets rouges. La mitre, l'encensoir, les vases, le gradin de l'autel et les ornements des pilastres vert-foucés de l'encadrement sont dorés. Les ornements du haut et du bas sont points en or et en blanc sur un fond de pourpre, qui passe au blanc autour de l'encadrement. Le texte est écrit en or, rouge et noir.

XXVI.

Biblia. Cod. Vatic. Urbin. lat. 1. Tom. I. fol. 179.

Auch diese dreibändige Bibel, eines der schönsten Bücher, die je geschrieben und ausgemalt wurden, trägt, wie das vorhergehende, einen grossen Namen: „Bibel des Pinturicchio". Seroux d'Agincourt schreibt die herrlichen Miniaturen dem

Cette Bible en trois volumes, un des plus beaux livres qu'on ait jamais écrits et enluminés, porte comme celui de la planche XXV un grand nom: „Bible de Pinturicchio". Seroux d'Agincourt pensait

---

[1] Pontificale Romanum picturis Petri Perusini Raphaelis

Urbinatis magistri illustratum. Cfr. *Seroux d'Agincourt*, Histoire II, 81, tav. LXXVI n. 1. Consecratio Virginum.

Perugino oder wenigstens „dem Cosimo Roselli oder Pietro di Cosimo oder einem andern der geschicktesten Zeitgenossen des Perugino" zu. Bei der Erklärung der Tafeln, worin er die Abbildung einer der Miniaturen gibt, findet er im II. Bande die Hand eines vortrefflichen Meisters und die eines minderwerthigen [1]. Man wird wohl noch weiter gehen und mehrere Maler als Mitarbeiter am grossen Werk annehmen müssen. Enthält doch allein der II. Band 26 Bilder. Eine Verwandtschaft zwischen mancher seiner Miniaturen mit den in der Dombibliothek zu Siena von Pinturicchio gemalten, wundervollen Fresken springt in die Augen, so dass jedenfalls ihm nahe stehende Miniatoren hier thätig waren. Laut der Schlussschrift wurde der I. Band 1476 zu Florenz vollendet [2]. Der II., dessen Schlussschrift schon Seroux d'Agincourt mittheilte, ward 1478 unter der Leitung des Florentiner Buchhändlers Vespasian, des Sohnes des Philippus, durch den aus Frankreich stammenden Schreiber Hugo de Comminellis vollendet. Ueber die Maler melden die Schlussschriften nichts. Vielleicht begannen sie ihr Werk erst, nachdem der Schreiber seine Arbeit abgeschlossen hatte.

Das Bild der Tafel XXVI (mit einer Reihe Text 190 × 265 mm) steht über dem Anfange des zweiten Buches Paralipomenon und zeigt den Salomon in drei Scenen: vorne auf seinem Throne, im Hintergrund vor dem Altare zu Gabaon und im Gebete vor Gott. In der ersten Scene trägt der König ein blaues, goldgesticktes Kleid unter einem dunkelvioletten Mantel mit viel Goldglanz. Der Teppich vor und hinter Salomon ist purpurroth und mit Gold verziert. Der 1., 4. und 6. der im Hintergrunde der Halle stehenden Männer haben blaue Kleider, der 9. hat einen blauen Mantel, der Mantel des 2. und das Kleid des 6. sind gelb. Der 4. und 8. haben grüne Mäntel, der 5. und 9. hat ein Kleid, der 6. aber einen Mantel von Purpur. Die Säulen sind dunkelviolett, das Gebälk ist grüngelb, die blaue Decke mit Gold verziert, die Wand hinter Salomon hellviolett. Die Treppen sind weiss und grau. Der Hintergrund über den Köpfen der in der Loggia stehenden Personen beginnt grün, wird blau in den Bergen und endet in der weissen Luft. Neben dieser Halle endet letztere dunkelblau, sie ist also oben wie der hinterste Streifen der Landschaft und die Decke der Loggia.

Der Reiter trägt einen blauen Rock, einen grünen Mantel und eine rothe Kappe, alles mit reichem Goldglanz verziert wie das purpurne Geschirr des braunen Pferdes.

[1] Seroux d'Agincourt, Histoire II, 83; Description des planches III, 97; planche LXXVIII. Labarte l. c. III, 261. Curmer, Evangiles p. x. 78. 100. 338.
[2] Fol. 240. Finit prima pars bibliae a divo Hieronimo translata, quam Illustrissimus princeps F(r)edericus, Urbini dux et Montisfeltri comes generalisque capitaneus Ferdinandi

qu'on devait attribuer ses miniatures magnifiques au Pérugin ou à Cosimo Roselli ou à Pietro di Cosimo ou à un des meilleurs contemporains du Pérugin. En décrivant les planches, dans lesquelles il donne le dessin d'une des miniatures, il reconnaît dans le IIe volume la main d'un enlumineur excellent et celle d'un autre médiocre [1]. On doit probablement aller plus loin et admettre que plusieurs maîtres ont travaillé à cette grande bible. Le seul IIe volume est enrichi de 26 peintures. On trouve à première vue la parenté entre plusieurs de ses chefs-d'oeuvre avec les fresques merveilleuses de la bibliothèque de Sienne, peintes par Pinturicchio. Il est donc certain que des peintres qui lui ressemblent beaucoup, ont été occupés à orner ce manuscrit. Nous apprenons par une note, écrite à la fin du I[e] volume, qu'il fut achevé en 1476 à Florence [2], par celle du IIe, déjà publiée par Seroux d'Agincourt, qu'il fut achevé en 1478 sous la direction du libraire florentin Vespasien, fils de Philippe, par l'écrivain français Hugue de Comminelles. Les notes ne disent rien des peintres. Ceux-ci commencèrent probablement leur travail après que l'écrivain eût fini le sien.

La miniature de la planche XXVI (avec une ligne de texte 190 × 265 mm) se trouve en tête du 2. livre des Paralipomènes, et montre Salomon dans trois scènes: par devant sur son trône, en arrière devant l'autel de Gabaon et priant Dieu. Le roi porte dans la première scène un habit bleu, brodé d'or, sous un manteau violetfoncé et rehaussé de beaucoup d'or. Le tapis pourpre devant et derrière lui est orné d'or. Les 1., 4. et 6. personnages au fond de la „loggia" ont un habit bleu, le 9. un manteau bleu, le manteau du 2. et l'habit du 6. est jaune, le 4. et le 8. ont un manteau vert; l'habit du 5. et du 6. et le manteau du 6. sont pourpre. Les colonnes sont d'un violet foncé, l'entablement est vertjaune, le plafond bleu orné d'or, le mur derrière Salomon violetclair. Les escaliers sont blancs et gris. Le fond au-dessus des têtes des personnes, qui se trouvent dans la loggia, est d'abord vert, puis bleu pour les montagnes et blanc pour le ciel. A côté de cette loggia l'air est bleu-foncé, donc de la même couleur que le lointain du paysage et le plafond de la loge.

Le chevalier porte une jupe bleue, un manteau vert et une casquette rouge, richement bordés d'or, comme le harnais pourpre du cheval brun. La jupe du serviteur est pourpre, ses chausses sont mi-partie bleues,

regis et sanctae romanae ecclesiae vexillifer atque omnium suae aetatis praestantissimus imperator, faciendam curavit non minus christianae religioni tuendae atque exornandae intentus quam disciplinae militari amplificandae. Absolutum autem Florentiae opus est anno ab humanatione christi Millesimo quadringentesimo septuagesimo sexto, Februarii mensis die quinto et vigesimo.

Die Jacke des Dieners ist purpurroth, dessen Beinkleider sind an einer Seite blau, an der andern von Purpur und Weiss quadrirt. Auch bei den Kleidern des um den Altar versammelten Volkes wechseln die Farben symmetrisch. Unter dem Bilde steht die weisse Inschrift in Blau.

Gold ist besonders in Purpur verwandt, aber auch bei den Bergen und Wolken. Die Ausführung ist zart und fein, sicher und kräftig.

Die hier gegebene Miniatur ist eine der besten. Bei andern sind die Personen weit grösser. Die Verwendung von Gold fehlt bei manchen Miniaturen, die höchsten Lichter sind dann weiss. Auch Bewegung und Farbe sind in einigen Bildern weit lebhafter, z. B. Fol. 27 beim Auszuge aus Aegypten, wo die Gewänder flattern und wo Zinnober stark hervortritt.

mi-partie écartelées en pourpre et blanc. Les couleurs sont disposées d'une manière symétrique dans les vêtements du peuple assemblé autour de l'autel comme dans ceux des autres personnes. La légende blanche au-dessus de la miniature est peinte sur un fond bleu.

L'or brille surtout dans le pourpre, mais il y en a aussi sur les montagnes et sur les nuages. L'exécution est fine et délicate, ferme et sûre.

La miniature donnée ici est une des meilleures. Dans d'autres les personnages sont plus grands. L'or n'est pas employé dans plusieurs miniatures, les endroits les plus clairs y sont alors blancs. Aussi le mouvement et la couleur sont beaucoup plus vifs dans d'autres miniatures, p. e. fol. 27, la sortie d'Égypte, où les vêtements, dans lesquels le vermillon domine, flottent au vent.

XXVII.

Dante. Divina Comedia. Cod. Vatic. Urbin. lat. 365 fol. 97. 197.

Hundertzweiundzwanzig Miniaturen illustriren in dieser Prachthandschrift die Gedichte Dantes. Sie sind bis zur Seite 176 von einem Florentiner gemalt, der noch strenge Falten liebt. Von Seite 177 an folgen Arbeiten des berühmten Julio Clovio. Anfangs schliesst dieser sich an seinen Vorgänger an, allmählich aber kommt er in jene leichte und weiche Art, die er auch im Gebetbuch des Herzogs Albrecht V. zu München anwandte[1]. Geschrieben ward das Buch laut dem Schlussvermerk durch Matthäus de Contugiis aus Florenz[2] in der zweiten Hälfte des 15. Jahrhunderts für Herzog Friedrich von Urbino (1444—1482), dessen Name und Wappen oft in den Randverzierungen wiederkehrt. Clovio hat also seine Bilder lange nach dessen Tod hinzugefügt.

Im Mittelbilde (Fol. 97, Tafel XXVII, A, Anfang des Fegfeuers) ist der sich tief verbeugende Dante ganz blau gekleidet, der hinter ihm stehende Virgil hat einen rothen Kragen auf einem hellvioletten Mantel, der greise Cato ein dunkelviolettes mit Gold gehöhtes Kleid. Bogen und Pfeiler sind hellroth, die Säulen grün. Der dunkelblaue Architrav hat eine weisse, oft in der Handschrift wiederkehrende Inschrift[3]. Die Umfassung ist golden, der Boden grau, die Landschaft dunkelgrün, der Himmel hellgrau bis dunkelblau. Die äussere Umfassung trägt auf Goldgrund blaue Ranken. In ihrem ovalen Rahmen ist der Boden grün, der Himmel oben dunkelblau. Dante ist, wie immer, ganz blau gekleidet, der kniende Mann hat ein gelbes Kleid, einen violetten Mantel und eine rothe Kapuze.

Cent vingt deux miniatures illustrent dans ce manuscrit magnifique les poëmes de Dante. Elles sont jusqu'à la page 176 peintes par un Florentin, qui aime encore des plis sévères. Dès la page 177 suivent des oeuvres de Jules Clovio. Il s'attache au commencement à la manière du premier enlumineur, mais il passe peu à peu à ce style léger et mou, qu'il employa aussi dans le livre de prières du duc Albert V, conservé à Munich[1]. D'après la note de la fin, le livre fut écrit par Mathieu de Contugiis de Florence[2], dans la seconde moitié du XVᵉ siècle, pour le duc Frédéric d'Urbino, dont les armoiries et le nom se trouvent souvent dans les encadrements. Clovio a donc ajouté ses miniatures longtemps après la mort de ce prince.

Au milieu de la miniature du folio 97 (planche XXVII, A, commencement du purgatoire), Dante, qui s'incline profondément, est vêtu en bleu. Virgile, qui se trouve derrière lui, a un collet rouge sur un manteau violet-clair, le vieux Caton porte une robe violette foncée, rehaussée d'or. L'arc et les piliers sont rouge-clair, les colonnes vertes. L'architrave bleu-foncé porte une légende blanche[3]. L'encadrement est doré, la terre grise, le paysage vert, le ciel va du gris-clair jusqu'au bleu-foncé. La bordure a sur un fond doré des rinceaux bleus. Dans le cadre ovale la terre est verte, le haut du ciel bleu-foncé. Dante est, comme toujours, vêtu tout de bleu, l'homme agenouillé a une robe jaune, un manteau violet et un capuchon rouge.

[1] Seroux d'Agincourt tav. LXXVII n. 3—6. John Breadley, A dictionary of miniaturistes I (London, Quaritsch, 1887), 236. Breadley, Giulio Clovio. The live and works. London 1890. L. v. Kobell, Kunstvolle Miniaturen. München. Labarte l. c. III, 261.

[1] Explicit Comedia Dantis Alagheri Florentini manu Matthei de Contugiis de Vulterris et caetera.

[3] Di(vus) F(ridericus) Ur(bini) Dux (illustrissimus) Belli ful(gur) c(t) pacis autor p(atriae) p(ius) p(ater).

In dem von Clovio gemalten Bilde (Tafel XXVII, B, mit einer Reihe Text 200 × 220 mm) ist die Sonne gelb, ihre Strahlen gehen über Weiss ins Blaue, die Wolken unten sind hellgrau. Die Kleider Dantes sind auch hier blau, Beatrice trägt über einem hellrothen Kleide einen grünen Mantel. Die Pilasterfüllungen an den Seiten haben einen goldenen Grund, die Kreise einen blauen; die Ornamente und das Wiesel mit der Devise NON MAI sind vergoldet. In den Fleischtheilen und bei den hellen Tönen schimmert der feine Pergamentgrund durch. Das dem Clovio zugeschriebene Buch der Marcusbibliothek zu Venedig[1] stammt sicher nicht von ihm, sondern von einem sehr mittelmässigen Maler.

Dans la miniature peinte par Clovio (planche XXVII, B, avec une ligne du texte 200 × 220 mm), le soleil est jaune, ses rayons vont du blanc au bleu; le bas des nuages est gris-clair. Les vêtements de Dante sont, comme toujours, bleus. Béatrice porte sur une robe rouge-clair un manteau vert. Les ornements des pilastres ont un fond doré, celui des cercles est bleu; les ornements et la belette avec la devise NON MAI sont dorés. Le parchemin fin s'aperçoit au travers des couleurs claires et de la charnure. Le livre de la bibliothèque de St. Marc à Venise[1], attribué à Clovio, n'est certainement pas de lui, mais d'un enlumineur très médiocre.

XXVIII.

A. Breviarium. Cod. Vatic. Urbin. lat. 599, I. fol. 123.

B. Livre d'heures. Cod. Vatic. Ottob. lat. 2919 fol. 94 v.

XXVIII, A. Dies Camaldulenserbrevier (140 × 100 mm) ist in der zweiten Hälfte des 15. Jahrhunderts wohl von einem Mitgliede dieses kunstsinnigen Ordens in der Gegend von Florenz ausgemalt worden. Der Maler ist in seiner Zeichnung etwas herb und liebt Goldhöhung.

In Tafel XXVIII, A (130 × 90 mm) steht die goldene Initiale in Blau. Christi purpurrother Mantel ist mit Gold gehöht, sein Grab ist weiss. Die Soldaten haben purpurrothe Schilde; die Beinkleider des einen sind blau und weiss gestreift, die des andern blau, roth und weiss. Der Hintergrund ist grün und blau. Der Rand hat auf Purpurgrund weisse Perlen und Ranken in Grün und Gold. Der Text ist roth und schwarz.

XXVIII, B. Dies Livre d'heures (150 × 110 mm) ward laut einer von späterer Hand beigefügten Notiz von dem Camaldulenser Bartholomeo della Gatta, Abt zu S. Clemente in Arezzo († 1461), ausgemalt. Da in der Litanei viele belgische und französische Heilige vorkommen, dagegen wenige italienische, hat vielleicht ein nordfranzösisches Buch als Vorbild gedient. Die reichen Umrahmungen sind verdienstlicher als die eigentlichen Bilder, in denen viel schönes Blau verwandt ist. Der Himmel zeigt stets auf Silber[2] weisse und blaue Wolken. Nur die erste Hälfte des Buches ist vollendet.

Nimbus, Gürtel und der Saum des blauen Kleides der Gottesmutter sind vergoldet. Joseph trägt einen rothen Mantel mit blauem Kragen, die Frau hinter ihm einen hellvioletten mit weissem Kragen. Die Landschaft ist grün-bläulich, die Blätter des Randes sind golden, die Ranken blau, grün und hellviolett.

XXVIII, A. Ce bréviaire camaldule (140 × 100 mm) a été écrit dans la seconde moitié du XVe siècle dans les environs de Florence, probablement par un moine de cet ordre, qui a produit tant de bons enlumineurs. Le peintre, sévère dans son dessin, aime à le relever avec de l'or.

Dans la planche XXVIII, A (130 × 90 mm), l'initiale dorée a un fond bleu. Le manteau pourpre du Sauveur est rehaussé d'or, le sépulcre blanc. Les soldats ont des boucliers pourpres, les chausses de l'un sont bleues et blanches, celles de l'autre bleues, rouges et blanches. Le fond est vert et bleu. La marge a sur fond pourpre des perles blanches et des rinceaux verts ou dorés. Le texte en caractères rouges et noirs.

XXVIII, B. D'après une note, ajoutée par une main postérieure, ce livre d'heures (150 × 110 mm) a été enluminé par le camaldule Barthélémi della Gatta, abbé de St. Clément d'Arezzo († 1461). On trouve dans les litanies beaucoup de saints belges et français, mais peu d'italiens; il est donc probable que l'auteur a copié un livre flamand ou français. Les encadrements si riches valent mieux que les miniatures, dans lesquelles il y a beaucoup de bleu. Le ciel a toujours sur un fond d'argent[2] des nuages blancs et bleus. La première partie seulement est achevée.

Le nimbe, la ceinture et la bordure de la robe bleue de la Ste. Vierge sont dorés. St. Joseph porte un manteau rouge avec un collet bleu, la femme derrière lui un manteau violet-clair avec un collet blanc. Le paysage est vert-bleuâtre; les feuilles de l'encadrement sont dorées, les rinceaux bleus, verts et violet-clair.

---

[1] Classis I. Cod. XCII lat., LXXXIII, 3. Saec. XV. XVI. Auf dem letzten Blatt fügte eine spätere Hand bei: „Del Pre Clovio."
Beissel, Vaticanische Miniaturen.

[2] Cfr. S. 37 fol. 14, S. 38 fol. 65.

7

XXIX.

Livre d'heures. Cod. Vatic. lat. 3768—3770.

Oft kehrt in den Randverzierungen dieses Gebetbuches ein quadrirtes Wappen wieder, dessen 1. und 4. Feld sechsmal von Gold und Schwarz gestreift ist, während das 2. und 3. einen schwarzen Löwen hat. In den Rändern findet man inmitten dünner Vergoldung naturalistisch behandelte Blumen und Thiere oder gotisch stilisirtes Laubwerk oder Buchstaben [1]. Die Miniaturen enthalten bald Scenen mit vielen kleinen Figuren, bald solche mit grossen Figuren in Brustbildern, oft nur mit einer. Die im Kalender und in den Gebeten vorkommenden Heiligen [2] weisen auf die Diöcese Lüttich hin.

Im Bilde Tafel XXIX, A (170 × 115 mm) hat der Rand auf dünner Vergoldung in hellen Farben ausgeführte Blumen. Der Priester trägt eine rothe Soutane, ein weisses Rochet, einen braunen Pelzmantel und eine schwarze Kopfbedeckung, der Beichtende einen dunkelvioletten Mantel mit Pelzverbrämung und ein schwarzes Halstuch. Neben ihm steht ein in Schwarz und Blau gekleideter Mann mit rother Kopfbedeckung. Die im Vordergrund knieende Frau hat ein rothes Kleid, ein blaues Unterkleid und einen blauen Schleier. Der an den Stufen des Altares kniende Mann trägt einen gelbbraunen Mantel. Der Vorhang des Altares ist unten blau, oben grün, die Säulen, der Taufbrunnen und die Grabplatte sind gelbgrau und mit Gold gehöht. Die Kirche ist hellgrau; braun sind der Stuhl des Beichtvaters, sein Baldachin und die Bank im Hintergrund.

Aus dem Kreise, welchem diese Handschrift entstammt, kommen manche ihr sehr ähnliche Livres d'heures, als deren charakteristische Merkmale folgende gelten: die dünne Vergoldung, der Wechsel naturalistisch behandelter und stilisirter Pflanzentheile, die räthselhaften, oft wie aus Baumästen gebildeten Inschriften der Ränder und die theils in kleinen Figuren in grossen Brustbildern ausgeführten Miniaturen [3]. Eines der schönsten, aber spätern Glieder der Gruppe ist das berühmte Breviario Grimani zu Venedig, das aber nicht von Memling stammt, sondern von spätern Meistern.

On voit souvent dans les ornements de ce livre d'heures des armoiries écartelées, dont le 1. et le 4. quartier sont six fois bandés d'or et de noir, tandis que le 2. et le 3. ont un lion noir. Les marges portent dans leur fine dorure transparente des fleurs et des animaux d'un dessin très vrai, ou des rinceaux gothiques ou des lettres [1]. Beaucoup de miniatures donnent des scènes avec de petites figures, d'autres de grandes figures en buste. Beaucoup de saints [2], nommés dans le Calendrier, sont du diocèse de Liège.

Dans la miniature de la planche XXIX, A (170 × 115 mm), la marge a sur une dorure très mince des fleurs en couleurs claires. Le prêtre porte une soutane rouge, un rochet blanc, un manteau fourré brun et un bonnet noir, l'homme qui se confesse, un manteau violetfoncé, garni de fourrure, et un collet noir. A son côté se trouve un homme avec un bonnet rouge, vêtu en noir et bleu. La femme agenouillée au devant a une robe rouge, une robe de dessous bleue et un voile bleu. L'homme près de la marche de l'autel porte un manteau brunjaune. Le rideau de l'autel est bleu en bas, vert en haut; les colonnes, les fonts et la dalle tumulaire sont grisjaune et rehaussés d'or. L'église est gris-clair. De couleur brune sont la chaire du prêtre, son baldaquin et le banc du fond.

Plusieurs livres d'heures très semblables à celui-ci proviennent de la même école. Leurs marques distinctives sont celles-ci: dorure très mince, feuilles et fleurs tantôt au naturel, tantôt gothiques, légendes énigmatiques, quelquefois en forme de branches d'arbres, et miniatures dont les figures sont tantôt petites et nombreuses, tantôt grandes et en buste [3]. L'un des plus beaux livres de ce groupe est le bréviaire Grimani de Venise, qui pourtant n'a pas été enluminé par Memling, mais par des peintres plus récents.

XXX.

Weymandi de Stega mons quatuor fluvialium arborum. Cod. Vatic. Palat. lat. 411 fol. 36 v.

Dies von Stega um 1420 zu Augsburg geschriebene und dem Pfalzgrafen Ludwig gewidmete Buch

Ce livre (395 × 275 mm), composé en 1420 par Stega à Augsbourg et dédié au comte palatin Louis,

---

[1] Z. B. CVM · ERGO · ACCEPISSET · IHESVS · AVTVM (acetum) · DIXIT · CVMSVMMATVM · EST · ET · II · — NASCITVR · NO · CAROLIS · AHSI (archiducii?) — HAS · ONROS · MA — FRAOTS : XEVAIISI | MBAVS : RHO : AFE — NOAEP : BONE : IH — DVCKPS : AVE · RES.

[2] Lambertus eps., Remigius abb., Hubertus eps., Carolus Magnus, Ursula. Elisabeth vid. etc.

[3] Cfr. Cod. Vatic. lat. 3767 Preces, officia etc. Saec. XV. — Cod. Vatic. lat. 3781 Preces, officia etc. cum 17 figuris pulcherrimis. Saec. XV. — Cod. Bibl. nat. Neapol. „La Flora"

(395 × 275 mm) enthält viele genealogische Tafeln. Auf den beiden letzten Blättern steht der Stammbaum Christi.

Fol. 36 v. Man sieht in der obersten Reihe (Tafel XXX) Anna, in der zweiten laut dem am Rande beigefügten Text [1] ihre drei Männer, in der dritten ihre drei Töchter mit deren Männern, in der untersten Christus mit ihren andern Enkeln. Die Blätter des Baumes sind grün und braun, die Aepfel gelb und roth, die Nimben gelb, purpurn und blau, die Kleider blau, purpurn, rothbraun, dunkelviolett oder weiss. Alle gehen an lichten Stellen in Weiss über. Die blaue Farbe ist vielfach abgeblättert, z. B. bei dem ersten und dritten Manne der zweiten Reihe, im Mantel Mariä und unten beim ersten und dritten Knaben. Aus St. Josephs Kleid ist die Farbe fast ganz verschwunden.

Fol. 37. Man findet oben Maria und Elisabeth, in der Mitte Elisabeth, Johannes und Eliud, unten „Emynen" und den hl. Servatius.

In einem zweiten von Stega verfassten Buche ist das Widmungsbild gut, die folgenden Miniaturen sind dagegen sehr nachlässig gemalt [2].

contient beaucoup de tables généalogiques. Les deux dernières feuilles donnent la généalogie du Christ.

Fol. 36 v. On voit (planche XXX) en haut Ste. Anne, au second rang, selon le texte ajouté aux marges [1], ses trois époux, au troisième ses trois filles avec leurs époux, au quatrième le Christ et les autres petits-fils de Ste. Anne. Les feuilles de l'arbre sont vertes et brunes, les pommes jaunes et rouges, les nimbes jaunes, pourpres ou bleus, les vêtements bleus, pourpres, brun-rouge, violet-foncé ou blancs. Tous ont du blanc sur les parties saillantes. La couleur bleue est souvent écaillée, p. e. chez le premier et le troisième personnage du second rang, dans le manteau de la Ste. Vierge et en bas chez le premier et chez le troisième enfant. La couleur a disparu presque tout-à-fait du vêtement de St. Joseph.

Fol. 37. On trouve en haut la Ste. Vierge et Ste. Elisabeth, au milieu Ste. Elisabeth, St. Jean et Eliud, en bas „Emynen" et St. Servais.

Dans un autre livre, composé par Stega, la miniature dédicatoire est bonne, mais les autres sont très médiocres [2].

Caroli VIII regis Franciae; cfr. Notizia della biblioteca nazionale di Napoli. — Bayerisches Nationalmuseum Cod. N. 861 f. Cfr. Kobell l. c. etc.

[1] Anna solet dici tres concepisse Marias,
Quas genuere viri Ioachim, Cleophas, Salomeque.
Has duxere viri: Ioseph, Alpheus et Zebedeus.
Prima parit Christum, Iacobum secunda minorem

Et Ioseph iustum peperit cum Symone Iudam,
Tertia maiorem Iacobum volueremque Iohannem.

Anna mater Marie, genitricis Iesu filii Dei, que tres habuit viros etc. Cfr. Iacob de Voragine, Legenda aurea CXXVI. De nativitate gloriose virginis Marie.

[2] Cod. Pal. lat. 412 Weynandi de Stega adamas colluctantium squilarum. Saec. XV. in.

Schluss.

DIE 43 Bilder der XXX Tafeln bieten gute Beispiele für fast alle wichtigeren Richtungen, welche in der Geschichte der Miniaturmalerei auftreten. Der ältere Virgil (Tafel III, A) ist noch von einem Vertreter der altklassischen Malerei Roms hergestellt. Wie man im Anfange des Mittelalters die klassischen Muster benutzte und wiedergab, beweisen die Miniaturen des zweiten Virgil, des Terenz und des Buches über die Feldmesserkunst (Tafel I; II und III). Eine freiere Weiterbildung alter Motive zeigt sich in den Miniaturen der Tafeln V und VI, A, während Tafel VII und VIII die irisch-lombardische Schule charakterisirt, das Kalenderbild der Tafel VI, B aber in der Mitte bleibt zwischen der lombardischen und karolingischen Schule.

Die Josuerolle (Tafel IV) verbindet die altchristliche Kunstthätigkeit mit der byzantinischen, welche durch Tafel IX—XVI glänzend vertreten ist.

Die Bibel von Farfa (Tafel XVII) geht weiter auf der Bahn des longobardischen Stiles, während das Neue Testament Heinrichs II. (Tafel XVIII) zeigt, wie unter Benutzung byzantinischer Miniaturen die karolingische Büchermalerei weiterentwickelt wird.

Zwei Bücher Friedrichs II., ein Neues Testament und ein Codex der Decretalen (Tafel XIX—XXI), zeigen den Stil der Kunst des 13. Jahrhunderts. Die herrliche Entfaltung, welche die italienische Kunst im 14. und 15. Jahrhundert gewann, erhellt aus einer Bibel (Tafel XXII), zweien von Camaldulensern ausgemalten Manuscripten (Tafel XXVIII), einem Caeremoniale, einem Pontificale, besonders aber aus der prächtigen sogenannten Bibel des Pinturicchio und dem wundervollen Dante (Tafel XXIV—XXVII). Die französische Kunst der zweiten Hälfte des Mittelalters ist durch Tafel XXIII, die flämische durch Tafel XXIX, die deutsche durch Tafel XXX vertreten.

Der zur nähern Erforschung der Miniaturmalerei schon in den Tafeln gebotene Stoff ist im Text eingehend erläutert und durch Hinweisung auf ähnliche Arbeiten und auf Zwischenglieder vervollständigt, insoweit der Zweck dieser Arbeit es erlaubte.

Möge sie sich als brauchbar und nützlich erweisen und das eingehende Studium der Kunst des Mittelalters fördern!

Fin.

LES 43 reproductions des XXX planches offrent de bons spécimens de presque toutes les grandes écoles, qui se rencontrent dans l'histoire de la miniature. Le Virgile plus ancien (planche III, A) a été enluminé par un représentant de la peinture classique de l'ancienne Rome. Les miniatures du second Virgile, du Térence et du livre „De agrimensoria" (planche I; II et III) montrent comment on a copié et étudié plus tard les modèles classiques. Un développement plus libre des motifs anciens se voit dans les planches V et VI, A, tandis que les planches VII et VIII caractérisent le procédé de l'école irlandaise et lombarde. La miniature du calendrier (planche VI, B) tient le milieu entre l'école lombarde et carolingienne.

Le rouleau de Josué (planche IV) donne la transition de l'art des anciens chrétiens à celui de Byzance, dont on peut admirer la valeur et la beauté planche IX à XVI.

La bible de Farfa (planche XVII) montre des progrès dans la direction donnée par le style lombard, tandis que le Nouveau Testament de Henri II (planche XVIII) développe la peinture carolingienne, en profitant plus ou moins de miniatures grecques.

Deux livres de Frédéric II, un Nouveau Testament et un manuscrit des décrétales (planche XIX à XXI), montrent le style du XIIIe siècle. Le développement si célèbre, que prit l'art italien au XIVe et au XVe siècle se voit dans une bible (planche XXII), dans deux manuscrits enluminés par des Camaldules (planche XXVIII), dans un „Caeremoniale" et un „Pontificale", mais principalement dans la magnifique bible attribuée à Pinturicchio et le merveilleux exemplaire de Dante (planche XXIV à XXVII). L'art français de la seconde moitié du moyen âge est représenté par la planche XXIII, l'art flamand par la planche XXIX, l'art allemand par la planche XXX.

Les documents pour l'histoire de l'art des enlumineurs, fournis par les planches, sont expliqués plus complètement dans le texte. Les rapprochements et les transitions qu'on y a signalés, complètent ces donnés autant que le permettait le but de ce travail.

Puisse-t-il être utile et contribuer à l'étude approfondie de l'art au moyen âge!

Verzeichniss

der im Text und in den Noten angeführten
illustrirten Handschriften.

Liste

des manuscrits enluminés, passés en revue
dans le texte et dans les notes.

———

Die erste arabische Ziffer bezeichnet die Bibliotheknummer, die erste römische Ziffer das Jahrhundert der Handschrift, die zweite arabische die Seite, worauf die Handschrift besprochen ist. Kleinere Ziffern beziehen sich auf die Anmerkungen, die letzten römischen einzelner Zeilen auf die Tafeln. Bei Büchern, die mit Initialen versehen sind, steht „Initial".

Für einige illustrirte Handschriften sind kurze Notizen gegeben, die im Text keinen Platz fanden. Eine Anzahl illustrirter Codices der Vaticana[1], die ich nur aus den Catalogen oder andern Mittheilungen (vgl. S. 45) kenne, sind in dies Verzeichniss eingefügt, ohne dass ich Näheres darüber sagen kann. Indessen wird schon die Angabe der Nummern für weitere Forschungen dienlich sein.

Le premier chiffre arabe indique le numéro de la bibliothèque, le premier chiffre romain le siècle, le second chiffre arabe la page du texte. Les chiffres plus petits renvoient aux notes, les chiffres romains mis à la fin de quelques lignes aux planches. Les livres enrichis d'initiales sont marqués par „Initial".

De courts renseignements qui n'ont pas trouvé place dans le texte ont été ajoutés. Plusieurs manuscrits du Vatican que je ne connais que par les catalogues[1] et par la liste dont j'ai parlé page 45, sont entrés dans cette liste, sans que je puisse en donner des indications complètes. Mais déjà l'indication du numéro sera utile pour ceux qui s'occupent de l'histoire de la miniature.

═══════════════════

I. Codices bibliothecae Vaticanae.

A. Cod. Vatic. lat.

17 Biblia XIV. 29₄.
39 Novum Testamentum XIII. 29, 36 s.; XIX A; XX C.
105 Postilla XIV. Cfr. Seroux d'Agincourt ad tab. LXXXI.
214 Origines XV. 43₄.
394 s. Chrysostomus. Initial.
429, 432, 440, 451, 481, 501 Augustinus. Initial.
643 Beda XI. 10₃.
645 Calendarium XI. 10₃.
1145 Durandi Pontificale XV. 43₁.
1202 Sermones in monte Cassinensi scripti XI. 9, 14 s., 52; VIII.
1205 Eusebius, De transitu Hieronymi cum picturis minoris notae in litteris ornatis XV.
1274 Officium s. Andreae X./XI. 28₁.
1366, 1368, 1370 Decretum cum glossa 29₅.

1385, 1387 s, 1389 Decretales XIV. 20₅.
1393, 1394 Liber sextus 29₅.
1401, 1403 Clementinae 29₅.
1409, 1425 Digesta 29₅.
1436 Institutiones 20₅.
1447, 1450 Guido de Parisiis super decretum 20₅.
1456 Io. Andreae super decretales 29₅.
1629, 1632, 1633 Plauti comoediae 45₁.
1687 Poëmata in honorem Iulii II. XVI. 43₄.
1753 Cicero in Verrem. Initial. 45₁.
1766 Quintilianus. Initial. 45₁.
1777 Plinii epistolae 45₁.
1816 Diodorus 45₁.
1819 Dionys. Halic. 45₁.
1848, 1853, 1854 Livius 45₁.
1860 Varia cum tabulis geographicis XIV. Archiv XII, 229.
1869 Curtius. Initial. 45₁.

---

[1] Cfr. praeter catalogos bibliothecae Vaticanae de Rossi, De origine, historia, indicibus scrinii et bibliothecae Sedis Apostolicae. Rom. 1886; de Rossi, La biblioteca della Sede Apostolica; Ehrle, Historia bibliothecae Romanorum Pontificum. Rom., Typis Vaticanis, 1890; Müntz, La bibliotheca del Vatican au XVI. siècle. Paris, Leroux, 1886; Müntz et Fabre,

La bibliothèque du Vatican au XV. siècle. Paris, Thorin, 1887; Batiffol, La Vaticane de Paul III à Paul V. Paris, Leroux, 1890; Pierre de Nolhac, La bibliothèque de Fulvio Orsini (Vat. lat. 3195—3453, graec. 1287—1421). Paris, Bouillon, 1887; Literarische Rundschau 1885, S. 87; 1887, S. 133 f.; 1891, S. 356 f.; 1893, S. 257 f.

1069 Sozomenos 45 ₁.
1076 Orosius 45 ₁.
1984 Eutropius. Initial. 45 ₁.
2001 De expeditione Ierosolymitana XIII. 28, 30 s., 52;
     XIX B.
2044 Platina, De vitis pontificum.
2049 Strabo, Geographia; prima pagina ornata 45 ₁.
2065 Aristoteles, Metaphysica. Initial. 45 ₁.
2094 Aristoteles, Historia animalium XV. 43 ₁, 45 ₁.
2142 Themist. in Aristotelem. Initial. 45 ₁.
2104 Apuleius 45 ₁.
2218 Seneca, Epistolae 45 ₁.
2237, 2269, 2287, 2308 Libri iuridici 29 ₅.
2490 Thom. de Garbo, Summa medicinae.
2401, 2492, 2496, 2505, 2513, 2521, 2522, 2533, 2534, 2537,
     2538, 2564, 2593, 2598, 2680 Libri iuridici. Initial. et
     picturae 29 ₅.
2634, 2635 Io. Andreae, In speculum XIV./XV. Initio
     pictura magistri docentis.
2639 Io. de Lignano XIV. 29 ₅.
2761 Virgilii Aeneis.
2803 Lucanus XIII. Seroux d'Agincourt tab. LXXXI texte.
2972 Marini Sannuti, De terra sancta.
3101 Varia XI. 10 ₂.
3100 Hyginus, De signis coelestibus 10 ₃.
3157 Petrarca, Triumphus, ornatus picturis bene delineatis et
     coloribus leviter adumbratus XV.
3200 Poëma Gallicum de Alexandro XII. ex. 20 ₂.
3225 Virgilius IV. (?) 1; 4 s.; III A.
3226 Terentius IV./V. Wattenbach, Anleitung. 5. Aufl. 3.
3255 Virgilius XV. XVI. Initial. 45 ₁.
3258 Virgilius II. (?). Wattenbach a. a. O.
3467 Psalterium cum picturis pulcherrimis psalmos et Christi
     passionem illustrantibus XV. 43 ₄.
3538 Tabulae Alphonsinae. Initial.
3548 „Missale vetustissimum." Initial.
3549 Collationes Patrum. Initial.
3550 Biblia XIV. 20, 40 s.; XXII.
3710 Psalterium.
3732 Pogius XVI. 43 ₄.
3741 Evangelia X./XI. 9, 13 s., 52; VII.
3747 Caeremoniale XV. 43, 45, 52; XXIV.
3748 Benedictionale cum figuris pulcherrimis 43 ₁.
3755 Insignia Romanorum pontificum et cardinalium. In carta
     papyracea cum picturis inferioris notae XVI.
3761 Chronica Romanorum pontificum.
3767 Livre d'heures. Picturas bonas habet scholae Flandricae
     vel Gallicae. In Calendario inveniuntur multi Sancti
     Angliae; preces nonnullae francogallicae. XV. 50 ₃.
3768—3770 Livre d'heures XV. 44, 50, 52; XXIX.
3780, 3781 Livre d'heures XV. 44 ₃, 50 ₁.
3783 Historia belli in arborem redacta.
3784 Rotula „Exultet", 10 ₁.
3805 Missale insignitum imaginibus optimis similibus picturis
     Clovii XVI. 43 ₂.
3806 Sacramentarium „vetus et pulchrum". Initial.
3807 Pars missalis ad usum episcopi ornata bona pictura
     XVI. 43 ₂.
3808 Missale Leodiense XV. 43.
3811 Ptolemaei Cosmographia cum tabulis geographicis.
3849, 3850 Figuralis historia pulcherrimis picturis ornata
     XIII. 29 ₂.

3867 Virgilius V. 1 s., 52; I, II, II.
3868 Terentius (IV ?) IX. 1, 6, 52; III, B.
3870 Plautus 45 ₁.
3972 Chronicon Siciliae usque ad annum 1352.
4215 Nic. de Lyra.
4476 Varia. Icones plantarum XIII. Archiv XII, 243.
4743 Missale Franciscanorum cum bona pictura in initio
     canonis. Initial. XIV. 29 ₄.
4752 Breviarium Franciscanorum XV. 44 ₂.
4753 Breviarium Franciscanorum nitide scriptum, cum picturis
     Francogallicis in litteris magnis ornatis XIV. 29 ₃.
4757 Breviarium ornatum bonis picturis Francogallicis
     XIII./XIV. 29 ₃.
4759 Breviarium XV. 44 ₂.
4760 Breviarium Franciscanorum XV. 44 ₂.
4761 Breviarium Franciscanorum XV. 44 ₂.
4763 Livre d'heures 44 ₃.
4764—4769 Pontificalia XV. 43 ₁.
4776 Dante XV. 44.
4922 Donizo XII. 28.
4928 Breviarium Beneventanum XII. 10.
4939 Chronicon Beneventanum XII./XIII. 10.
4959 Prophetiae abbatis Ioachim cum picturis.
5210 Plautus 45 ₁.
5269 Arrianus 45 ₁.
5410 Calendarium Beneventanum etc. XII./XIII. 10 ₁.
5493 Livre d'heures 44 ₃.
5590, 5591 Breviarium 44 ₂.
5720 Biblia Farfensis XI. 28, 29 s., 52; XVII.
5805 Chronicon Francogallicum XIII./XIV. 29 ₂.
5929 Liber sextus 29 ₅.
5949 Calendarium Beneventanum etc. XII./XIII. Seroux
     d'Agincourt pl. LXVIII. n. 1; cfr. 5919.
6043 Ianuense bellum sub Malatesta.
6054 Decretales.
6055 Liber sextus 29 ₅.
6062 Missale Longobardicum XI. (?) Initial. 10 ₂.
6258 Sallustius 45 ₁.
6264 Missale.
7230 Frontinus XV. 45 ₁.
7335 Missale picturis Italicis minoris notae ornatum. Initial.
     XIII./XIV. 29 ₄.
7598 Missale Franciscanorum cum pictura in initio canonis.
     Initial. XIV.
7826 Diurnale ad regula s. Benedicti XV. 44 ₂.
9820 Rotula „Exultet" Beneventana XII. 10 ₁.

B. Cod. Vatic. graec.

350 Evangelia. Initial. 17 ₁.
394 Climacus XI. 17, 24. 52; XIV B.
405 Basilius.
463 Gregorius etc. 17 ₂.
469 Gregorius XI. 17 ₂.
666 Euthymius XI./XII. 17 ₂.
695 Varia.
699 Kosmas VI. 16.
746 Vetus Testamentum XII. 17 ₂, 21 ₁.
747 Vetus Testamentum XI. 17 ₂.
749 Iob 17 ₂.
755 Isaias IX./X. 16.
756 Evangelia. Figurae evangelistarum fol. 11 v. et fol. 12

figura Christi similes picturis codicis Vat. graec. 1208.
X./XI. 17 ₁, 20 ₁.
987 Xenophon.
1155 Evangelia. Figurae evangelistarum sedentium fol. 1,
38 v., 95 et 161 optime pictae et auro circumdatae 17 ₁.
1156 Evangelia XII. cum optimis picturis 24 ₅.
1158 Evangelia XI. 16, 18; X.
1159 Evangelia. Figurae evangelistarum sedentium, optime
pictae, sine symbolis; aurum solum in nimbis invenitur.
Tabulae canonum ornatae 17 ₁.
1160 Novum Testamentum I. fol. 24 v., 61 v., 100 v., 154 v. M.
Figurae evangelistarum vivacium, sedentium, sine symbolis, auro circumdatae, pictae ad exemplum anti-
quorum 17 ₁.
1162 Homiliae Iacobi monachi XI. 17, 23 ₅, 25 s.; XV.
1208 Codex aureus continens actus apostolorum et epistolas
XI. 18, 19 s.; XII.
1209 Codex celeberrimus bibliorum unciali charactere de-
1229 Evangelia XI (?). 16, 19; XI.   [scriptus.
1231 Catena in Iob XIII. 17 ₂, cfr. Kondakoff p. 200.
1291 Imagines mensium IX. 17 ₂.
1522 Evangelia X (?). 16, 18; IX.
1605 Hero XI. 17 ₂.
1613 Menologium XI. 17, 26 s.; XVI.
1851 Laudes imperatoris VIII. 17 ₂.
1927 Psalterium XII./XIII. 17 ₂.

C. Cod. Vatic. Reginae Sueciae lat.

4 Evangelia.
12 Psalterium XI./XII. Habet figuras et ornamenta penna
delineata, nonnumquam coloribus adumbrata, quae in-
terdum stilum psalterii Trajectensis in memoriam re-
vocant. 28 ₂.
15 Saec. X. Initial 17 ₁.
25 Bibliorum Epitome XIV./XV. 29, 41 s.; XXIII B.
87 Bibliorum pars I, Bohemice.
99 Speculum XV. 44 ₁.
123 Beda etc. XI. 9 ₁.
124 Rab. Maurus, De laudibus s. crucis.
257 Sacramentar. Gallicum VII./VIII. 9 ₁.
309 Calendar. X. 10 ₁.
316 Sacramentar. Gallicum cum figura crucis sub arcu
VII./VIII. 9 ₁.
317 Sacramentar. VII./VIII. 9 ₁.
367, 403 Le miroir des dames 29 ₂.
438 Martyrolog. X. 10 ₁.
495, 499 Sacramentar. Laureac. XI. 9.
507 XIII. ornatum imaginibus parvis. Archiv XII, 285.
534 Iacob de Voragine, Legenda aurea.
567 Sacramentar. Senonens. X. 9 ₁.
580 Pontificum Romanorum vaticinia.
596 Fragmenta XI. Archiv XII, 296.
635 Officium s. Mauri.
719—721 Livius, Gallice 45 ₁.
725 Chronicon Gallicum in carta papyracea.
750 Io. Mandeville, Peregrinatio in terram sanctam, Gallice.
927 Galliarum reginae mores 29 ₂.
1064 Bartholomaei Anglici de rerum proprietatibus.
1263 Calendar. XI. 10, 11 s.; VI B.
1320 Summa historiarum.
1351 De Adela comitissa. Archiv XII, 316.

1505 Troiani belli historia cum multis figuris minoris notae,
sed utilibus historiae vestium 29 ₂.
1680 Seneca, Tragoediae 45 ₁.
1737 Livre d'heures 44 ₂.
1852 Augustinus, De civitate Dei.
1896 Dante XV. 44 ₆.
2055 Bernardi Senensis sermones.

D. Cod. Vatic. Reg. graec.

1 Biblia XI. 16, 20; XIII.
10 Psalterium XI. Initial.
18 Psalterium. Initial.

E. Cod. Vatic. Palatin. lat.

3—5 Biblia X (?) 9, 11; VI A.
26 Psalterium XII. 28 ₃.
39 Psalterium XI. Eiusdem magnae scholae, ex qua pro-
dierunt Cod. Egberti, Cod. Ottonis Aquensis etc. 28 ₄.
46 Evangelia VIII. 9 ₄.
47 Evangelia IX. 9 ₄.
48 Evangelia XII. 28 ₂.
50 Codex aureus evangeliorum IX. 9, 10; V.
206 Augustinus, In Ioannem X. 9 ₅.
220 Augustinus, Sermones IX. 9 ₅.
291 Raban. Maurus, De universo XV.
381 Henricus de Hassia, Tractatus XV.
382 Lippi Aurelius August., Paradoxa XVI.
403 Alberti Brix. opera cum picturis XV.
411 W. de Stega, Mons XV. 44, 50; XXX.
412 W. de Stega, Adamas XV. 51.
413 Speculum XV. 44 ₄.
494 Lectionarius X sine picturis.
495 Sacramentar. X./XI. 9 ₂.
497 Epistolae per annum legendae XII.
499 Sacramentar. XI. 9 ₂.
501 Missale „ad usum alicuius ecclesiae in Germania". (?)
Videtur provenisse ex Anglia XIV. Pictura pulcher-
rima in initio canonis.
502—504 Missalia XIV. 29 ₄.
537 Livre d'heures XIV. 41; XX A.
538, 540 Livre d'heures XV. 44 ₃.
623, 626 Decretum cum glossa XIV.
624, 625 Decretum cum glossa XIII. 29 ₃.
628, 630 Decretales XIII. 29 ₃.
629 Decretales XIV. 29, 39; XXI.
631—635 Decretales, litteris ornatis et picturis illustratae
XIII—XV. 29 ₃.   ●
636 Liber sextus, picturis pulchris illustratus XIV. 29 ₅.
871 Biblia pauperum XV. 44 ₅.
872—878 Livius, picturis ornatus XV. 45 ₁.
882 Caesar, cum picturis insignibus XV. 45 ₁.
885 Sallust, cum picturis XV.
901 Justin., cum picturis XV. 45 ₁.
902, 906 Valerius Max., cum picturis XV. 45 ₁.
914—916 Q. Rufus, cum picturis 45 ₁.
918, 919 Plutarchus, cum picturis XV.
927 Miscellanea. Fol. 18 De sex mundi aetatibus; fol. 122
De primo adventu Gothorum, cum picturis. Haec pars
codicis scripta est 1181 in monasterio ss. Trinitatis
Montis Oliveti prope Veronam 28 ₂.
963 De mundi aetatibus. Cfr. 927.

894 Io. Buridani dialectica.
1071 Frederici II. tractatus de arte venandi XIII. 29, 30; XX A, B.
1564 De agrimensoria (IV.?) VIII. 1, 3 s.; II, A.
1806 Speculum humanae salvationis XV. 44₄.
1989 Decamerone.
9575 (?) Comment. in Genesin IX. 9₃.

F. Cod. Vatic. Palatin. graec.

381 Psalterium. Picturae quattuor: David inter Sapientiam et Prophetiam; Moyses legem accipiens etc. XIII. 17₂.
431 bis. (405 Sylburg.) Iosue VII. (?). 1, 7 s.; IV.

G. Cod. Vatic. Ottob. lat.

74. Evangelia XI. 28, 35; XVII.
117 Io. de Turrecremata.
140 Initial. minoris notae XIII.
221 Missale Neapol. Initial. minoris notae XV., XVI.
313 Sacrament. Paris. IX. 9₁.
414 Expositio in epistolas S. Pauli.
470 Compilatio librorum V. et N. Testamenti XIV. 44₅.
544, 545 Initial. et picturae Italic. minoris notae XV. 44₃.
548 Liber precum anglic. XV. 44₃.
501 Pontificale XV. 43, 46; XXV.
1433 Ovid. Initial. XIV. 45₁.
1585 Seneca, Tragoediae. Codex scriptus 1373 in Germania 45₁.
2005 Plautus XV. 45₁.
2019 Gellius XV. 45₁.
2358 Dante, Commentaria XV. 44₆.
2910 Livre d'heures XV. 44, 46; XXVIII B.
3058 Liber pulchre scriptus et pictus in Hispania XIII. 28₃.

H. Cod. Vatic. Urbin. lat.

1, 2 Biblia XV. 43, 46; XXVI.
3 Evangelia litteris aureis adornata IX. 9₄.

10 Evangelia picturis ornata. 9₃.
11 Gotefredi Catena.
110 Missale Franciscan. XV. 44₁.
112 Breviarium optimis picturis et ornamentis Italicis ornatum XV. 44₁.
223 Aristotelica 45₁.
273—275 Ptolemaeus cum cartis geographicis XV.
276 De animalium natura XV. 20₁.
277 Tabulae geographicae. Archiv XII, 262.
320 Capella, De nuptiis Philosophiae.
343 Plautus.
344, 353 Virgilius etc.
355, 356 Seneca, Tragoediae XIV. Seroux d'Agincourt tab. LXXII. n. 1 et 7 s.
365 Dante XV. et XVI. 44, 48; XXVII.
375 Poema de Berengario 20₂.
376 Romance de la rose 20₂.
382 Eusebius, Isidorus, Beda.
424 Livius.
585 Psalterium, scriptum in Monte Cassinensi, litteris ornatis et pictura stilo Longobardico illustratum XI. 10₂.
599 Breviarium XV. 44, 46 s.; XXVIII A.
603 Breviarium.
681 Petrarca 44₆.

I. Cod. Vatic. Urbin. graec.

2 Evangelia XII. 17, 22; XIV A.

K. Cod. Vatic. Slavi et Coptici.

Slav. 2. Chronicon XIV. 17₃, 22₁.
Slav. 3 Evangelia XIII. Initial. minoris notae.
Copt. 6 17₄.
Copt. 9 Evangelia XIV. 17₄.

II. Codices aliarum bibliothecarum.

Brüssel 9.
Essen, Evangelia 30.
Florenz Laurentiana, Cosmas 16 — Evangelia 24₅.
Gotha 34.
Hildesheim 30.
London, Evangelia 24₃.
Lucca, De gestis Mathildae 28₁, — Evangelia 30.
Mailand Ambrosiana, Homerus 6 — Terentius 7.
Monte Cassino 9, 10₃, 15, 27₃.
München, Bibliothek, Evangelia 30, 35 — Liber precum 48 — Nationalmuseum 50₃; vgl. 25, 30.
Neapel, Vita S. Ioan. B. 31 — Livre d'heures 50₂ — De arte illuminandi 15.

Paris Bibl. nat. lat., Evangelia 21₄ — 1093 Evangelia 14₃ — 7899 Terent. 7 — 8850 Evangelia 10 — graec. 70 Evangelia 20 — 74 Evangelia 24₅ — 134, 135 Iob 17₁ — 130 Isaias 16₁, 21₁ — 510 Gregor. 20₃ — 1208 Iacobi orationes 25₃.
Parma, lat. Biblia 12 — graec. Evangelia 24₃.
Rom Bibl. Barber., Exultet 10₁ — S. Paul, Biblia 4₃.
S. Gallen, Psalterium aureum 30.
Trier, Evangel. Adae 10 s. — Cod. Egberti 4₁; 31₃, 33₁.
Turin, Evangelia graeca 19₃.
Utrecht, Psalterium 7; 55 C 12.
Venedig, Liber precum 49 — Evangelia graeca 23₁, 24 — Breviarium Grimani 50.

Verzeichniss der wichtigern Sachen und Namen.

Table des principales matières et des principaux noms.

Virgil. Saec V
Cod. Vat. lat. 3867

A

Iudex definibus et controuersijs, refert ex sup-
plicibus Libellis, de quibus consulendus est
Imperator; ut ijs decidendis, eius iussa
sequatur ·:·

Imperator, consulitus.

Iudex, referens.

B

ILLAM·SVMMA·I·ROCVLVILLARVM·CVLMINA·EVMAN:
MAIORESQVE·CADVNT·ALTIS·DE·MONTIBVSVMBRAE

A. De Agrimensoria. Saec. (IV. ?) VIII Cod. Vat. Pal. lat. 1564.
B. Virgil. Saec. V. Cod. Vat. lat. 3867.

A. Virgil. Saec. IV. (?)
   Cod. Vat. lat. 3225.

B. Terentius. Saec. (IV. ?) IX.
   Cod. Vat. lat. 3868.

SIM *tace* DAV *commoue;* SYM, *ego iftec recte ut fiant uidero: quid*
adhuc ult uetet:au:ibi: n um filuc mal: est quicqua: emittice huictc
GLICERIVM   PAMPHILVS   DAVVS
MISIS   SIMO

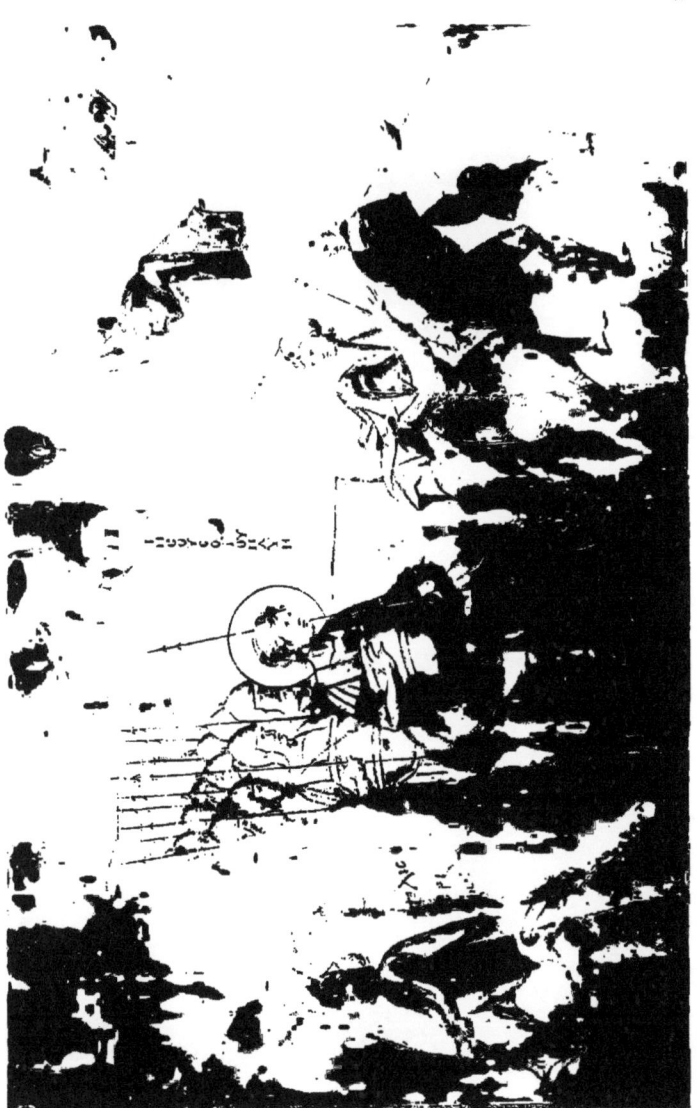

Rotula cum imaginibus historiam Josue illustrantibus. Saec. VII. (?)
Cod. Vat. Pal. Graec. 431.

Evangelia. Saec. IX.
Cod. Vat. Pal. lat. 50.

B

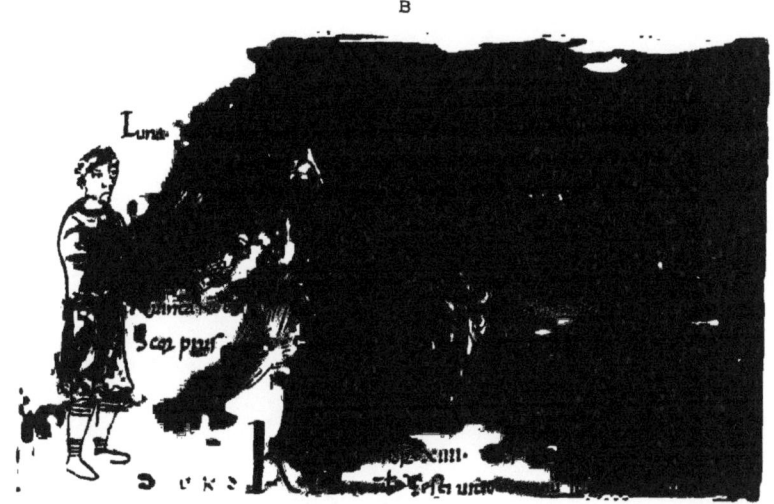

A. Biblia latina. Saec. X. (?) Cod. Vat. lat. 4.
B. Calendarium. Saec. XI. Cod. Vat. reg. lat. 1263.

Evangelia literis longobardicis scripta. Saec X·IX
Cod. Vat. lat. 8741.

Sermones Monte Cassino scripti. Saec. XI.
Cod. Vat. lat. 1202.

Evangelia graeca Saec. X. ?)
Cod. Vat. graec. 1522.

Evangelia graeca Saec. XI.
Cod. Vat. graec. 1158.

Evangelia graeca. Sacc. XI. (?)
Cod. Vat. graec. 1229.

Roma Fototip. - Dane.

Actus et epistolae apostolorum. Saec. XI

Cod. Vat. graec. 1208.

Biblia graeca Saec. XI.
Cod. Vat. reg. graec. 1.

B

A. Evangelia   Cod. Vat. Urb. graec. 2 Saec. XII
B. Climacus.   Cod. Vat. graec. 894. Saec. XI

Homiliae. Saec. XI.
Cod. Vat. graec. 1162.

Roma Fotot. pia Danesi

Menologium. Saec. XI.
Cod. Vat. graec. 1613.

A.

B.

A. B. Biblia monasterii Farfensis. Saec. XI
Cod. Vat. lat. 5729.

Evangelia Saec. XI.
Cod. Vat. Ottob. lat. 74.

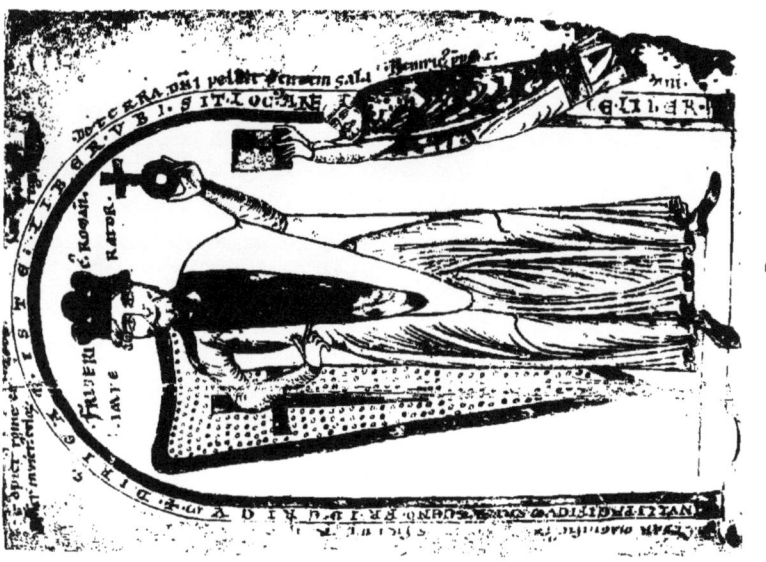

B.

De expeditione Ierosolymitana. Saec. XIII.
Cod. Vat. lat. 2001.

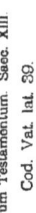

A.

Novum Testamentum. Saec. XIII.
Cod. Vat. lat. 39.

A   B

·ma·

que panibz 7 duobz pifcibz. adsno
cos incelum benedigit ~frage.78
die difcipulis fuis zania. bifcipli
auf turbis. Er manducauer oes.
~Cum zas fure. frecules? reliqas
ouodum copiunof fragintoz ple
nos. Ouroducumin .un. fuir mus
~qui mila. exceptes mulicibz ~pl

Quia fupeafena e. Lerpiame
clamaue. ftanimq als locuruf
eft eis. oate. habere flouram.
Ego fum nolue~rime. flesicof
auf petrus byret. One fraue.
iube me uemre~Ade. flep aquf.
Ar ipe air. Venu. ~Sfcaueni pe
truo. Snauinia. ambulabit

C   ROMA FOTOTIPIA DALEN

A. B. Friderici II tractatus de arte venandi. Saec. XIII.

Cod. Vat. Pal. lat. 1071.

C. Novum Testamentum. Saec. XIII.

Cod. Vat. lat. 39.

Decretales Saec. XIII.
Cod. Vat. Pal. lat. 629.

Dublin. saec. XIV. Cod. Vat. lat. 3854)

F.

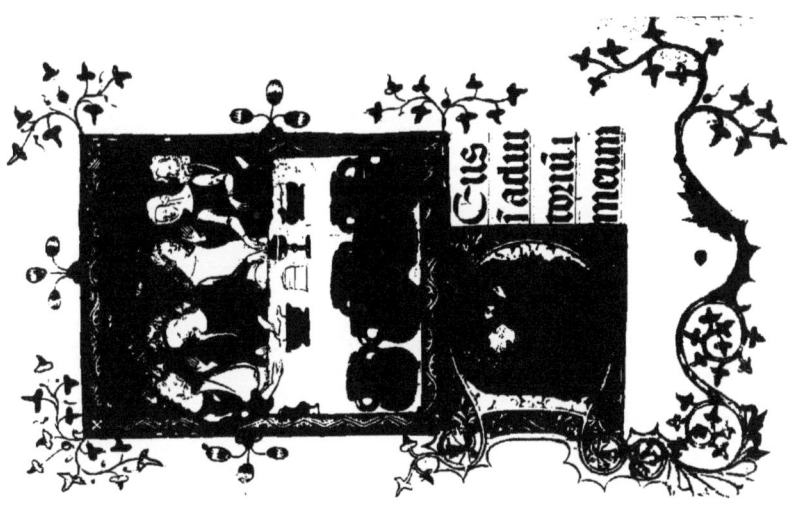

A.

Caeremoniale. Saec. XV.
Cod. Vat. lat. 8747.

Pontificale. Saec. XV.
Cod. Vat. Ottob. lat. 501.

Dante, Divina Comedia. Saec. XV. et XVI.
Cod. Vat. Urb. lat. 365.

B

A. Breviarium. Saec. XV. Cod. Vat. Urb. lat. 599.

B. Livre d' heures. Saec. XV. Cod. Vat. Ottob. lat. 2919.

A.